Moin!

Schon die Anfahrt zu den Inseln übers Wattenmeer empfinde ich als Hochgenuss, ein Gefühl von Freiheit macht sich bemerkbar, vom salzigen Seewind wie weggepustet bleibt die hektische Betriebsamkeit des Alltags auf dem Festland zurück. An ihre Stelle tritt eine beruhigende Landschaft mit weißen Stränden, weiten Heidelandschaften und Wäldchen.

JEDE INSEL IST ANDERS

Jede der Nordfriesischen Inseln ist schön, hat aber auch ihre Eigenheiten und dementsprechend eine unterschiedliche Besucherklientel. Familien zieht es vor allem nach Föhr, auf Amrum fühlen sich Individualisten wirklich wohl. Und Sylt bietet eigentlich für jeden etwas: Eine einzigartige stille Natur in List, in Kampen und Keitum dagegen will man sehen und gesehen werden. Ich mag übrigens Sylt im Winter ganz besonders, ich erinnere mich an strahlend helle Februartage, an von Raureif überzogene Dünen und einsame Sandstrände im Winterlicht. Wer ländliche Ruhe und Abgeschiedenheit sucht, wird Nordstrand oder Pellworm als Urlaubsziel wählen, und auf den Halligen muss einfach jeder mal gewesen sein, sind sie doch ein weltweit einzigartiges Phänomen.

EINE LANDSCHAFT VON BESONDEREM REIZ

Den Text für diesen Band schrieb Hilke Maunder. Sie besucht Sylt und die anderen Inseln regelmäßig. Die 2019 viel zu früh verstorbene Fotografin Sabine Lubenow war von der nordfriesischen Landschaft begeistert – das zeigen ihre außergewöhnlich stimmungsvollen Bilder, auf denen sie mal bedrohliche Wolkenformationen und immer wieder strahlend helle Landschaftsmotive festgehalten hat. Aber schauen Sie selbst ...

Herzlich

Ihre

Birgit Borowski

Birgit Borowski
Programmleiterin DuMont Bildatlas

Die Autorin Hilke Maunder lebt in Hamburg – und ist stolz auf ihren friesischen Vornamen, den sie im Altfriesischen Haus in Keitum auf der Rückenlehne eines Stuhls entdeckte.

34

Zu den gern gepflegten Traditionen gehört in Nordfriesland das Ringreiten, bei dem die Reiter Treffsicherheit demonstrieren.

94

86

Auf Sylt herrscht in kulinarischer Hinsicht Weltoffenheit. Doch sollte man die regionalen Köstlichkeiten nicht links liegen lassen!

Die Kirche auf Nordstrand erinnert an die deichbauerfahrenen Holländer.

Das Beste erleben

Berührend, aufregend und spannend ...
sind unsere Ideen, die wir für Ihren Aufenthalt
auf den Nordfriesischen Inseln zusammengetragen haben.

Sagenhafte Wunder

*** 1 ***

GLÜHEND IM ABENDLICHT

Vom Roten Kliff geht der Blick weit
auf die Nordsee hinaus.
Seite 38

*** 2 ***

AN DER SÜDSPITZE SYLTS

Die Wanderung um die Hörnumer Odde
wird vom Meer begleitet, das fortwährend
an der Südspitze Sylts nagt.
Seite 53

*** 3 ***

DEUTSCHLANDS GRÖSSTE SANDKISTE

Viele Quadratkilometer nichts als Sand –
Amrums Kniepsand scheint endlos.
Seite 68

*** 4 ***

UNTERWEGS AUF DEM MEERESBODEN

In Dunsum auf Föhr beginnen die Watt-
wanderungen hinüber nach Amrum.
Seite 85

*** 5 ***

ÜBER RUNGHOLT FAHREN

Ein Ausflug zur Hallig Südfall führt über
das Land des sagenhaften Ortes.
Seite 101

Starke Winde

*** 6 ***

UNGEWÖHNLICHES MEERERLEBNIS

Die Vielfalt, Schönheit und Dynamik
der Küsten und Meere bringt das
Lister Erlebniszentrum Naturgewalten nahe.
Seite 37

*** 7 ***

HIER TREFFEN DIE BESTEN AUFEINANDER

Die Surf-Veranstaltungen
in Westerland haben Weltgeltung.
Seite 51

Lebendige Kultur

• 8 •

IM SCHÖNSTEN FRIESENDORF

Blühende Gärten umgeben Keitums reetgedeckte Häuser, über die Dorfstraße rattern Pferdekutschen – ein Idyll.
Seite 51

• 9 •

HIER SPRECHEN GRABSTEINE

Von dem vielfach abenteuerlichen Leben der Amrumer „erzählen" schön gestaltete Grabsteine auf dem Friedhof von Nebel.
Seite 68

• 10 •

IM MUSEUM DER FRIESEN

Das Carl-Häberlin-Friesenmuseum in Wyk auf Föhr präsentiert Leben und Schicksal der Inselfriesen – von Salztorfgewinnung bis Walfang.
Seite 83

• 11 •

KUNSTREISE VON DÄNEMARK BIS IN DIE NIEDERLANDE

Das Museum Kunst der Westküste in Akersum auf Föhr zeigt mehr als 700 Gemälde, Grafiken und Fotografien vieler großer Künstler.
Seite 84

• 12 •

EINST KÖNIGLICHES SCHLAFGEMACH

Der Königspesel auf der Hooger Hanswarft lässt die Lebensumstände begüterter Seefahrer lebendig werden.
Seite 113

STRÄNDE FÜR ALLE

Segeln, schwimmen oder surfen, am Strand wandern oder einfach faulenzen im Strandkorb: Jede der 15 nordfriesischen Urlaubsinseln und Halligen bietet ihren Gästen vielerlei Möglichkeiten. Für Abwechslung sorgen Hafenfeste, Musik- und Literaturfestivals sowie den Gaumen verwöhnende Muschel- und Lammtage (Foto: Strand von Wyk auf Föhr).

DIE FRIESEN UND DAS MEER

Trotzig sind sie, die Friesen, in ihrem Kampf gegen Wind und Wellen. Die Elemente nagen an den Inseln, rauben ihnen Land, um es ihnen an anderer Stelle wieder zu schenken. Und die Menschen? Sie mühen sich unverdrossen, dem entgegenzuwirken. Deiche und Siele, Sandbänke und Schöpfwerke bewahren Lebensräume, die oft bis unmittelbar ans Meer heranreichen (Foto: Reetdachhaus in Keitum auf Sylt).

INSELN UNTER HOHEM HIMMEL

Vor der Westküste Schleswig-Holsteins liegen die 15 Nordfriesischen Inseln und Halligen – schick und groß wie Sylt (Foto) oder winzig wie Gröde-Appelland. Dünen, Kliffe und feinsandige Strände säumen die Küsten, Reetdachdörfer mit romantischen Bauerngärten, Heiden und Marschland bestimmen das Innere. Und doch ist jede Insel einzigartig – da findet jeder sein ganz persönliches Lieblingseiland.

SONNE, WIND UND MEER

Seeluft macht bekannterweise hungrig, und deshalb geht es an der Küste überall gastlich zu. Mit Leichtigkeit werden auch die ausgefallensten kulinarischen Wünsche erfüllt – speziell auf Sylt (Foto: Wenningstedt). Doch den meisten Besuchern steht der Sinn eher nach einer kleinen Deftigkeit und einem Sundowner.

GOSCH
GOSCH

WUNDERWELT DER HALLIGEN

Sie sind weltweit einzigartig. Ungeschützt liegen sie vor der Küstenlinie mitten im Nationalpark Schleswig-Holsteinisches Wattenmeer. Im Winter heißt es oft „Land unter", im Frühjahr nisten Tausende Ringelgänse auf den Salzwiesen. Später verwandeln Strandnelken und Stechginster die Halligen in ein Blütenmeer, heiter wie der nordfriesische Sommer (Foto: Hallig Hooge).

TRADITION QUICKLEBENDIG

Biikebrennen statt Osterfeuer, Söl'ring statt Hochdeutsch, Ringreiten, Rummelpott und Trachtentanz (Foto: Amrumer Trachtengruppe vor dem Öömrang Hüs): Ob Jung oder Alt, bei den Bewohnern der Nordfriesischen Inseln steht das Brauchtum hoch im Kurs. Traditionen werden hier nicht inszeniert, sondern gelebt. Aber Gäste sind dabei stets willkommen!

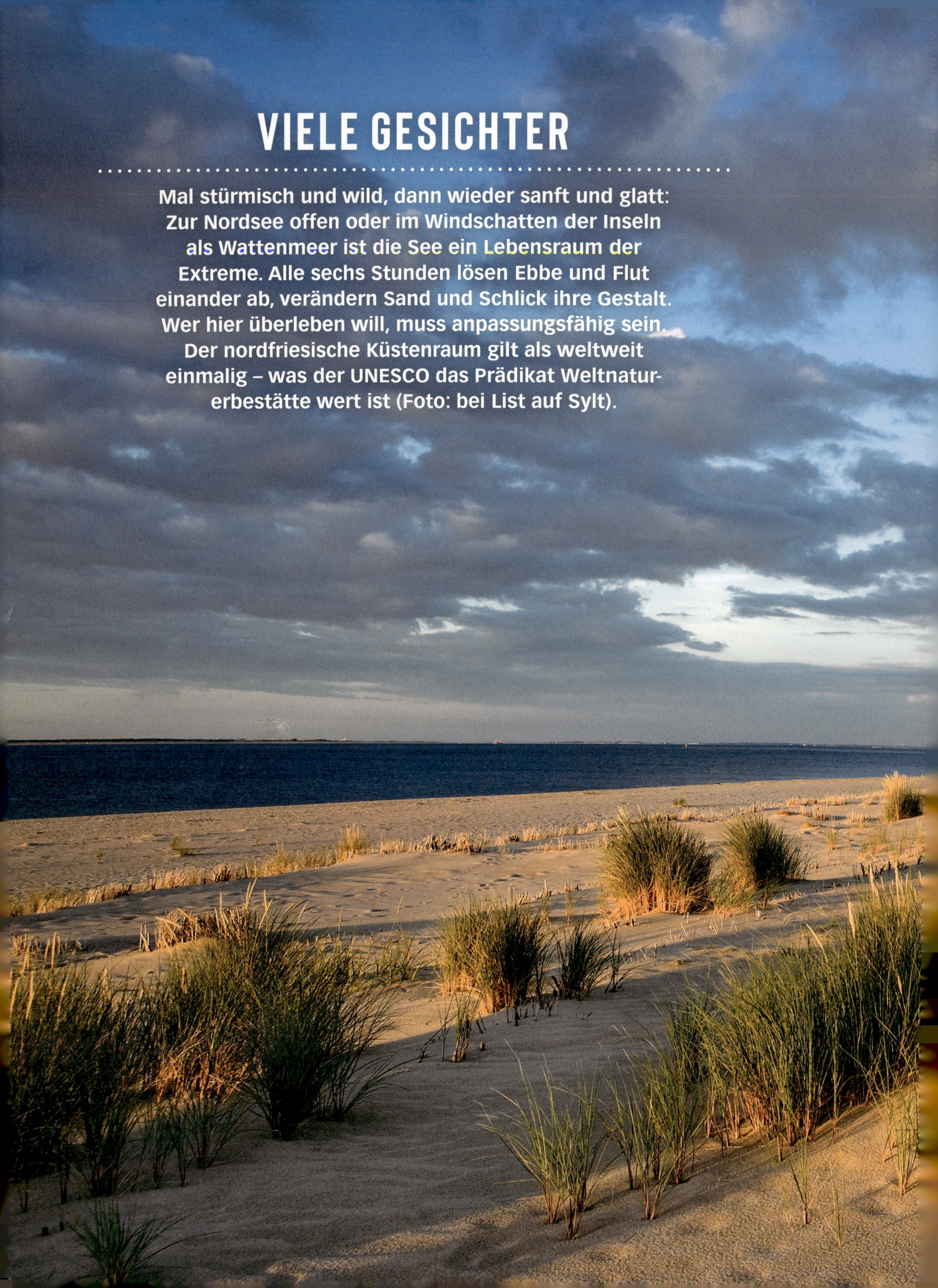

VIELE GESICHTER

Mal stürmisch und wild, dann wieder sanft und glatt: Zur Nordsee offen oder im Windschatten der Inseln als Wattenmeer ist die See ein Lebensraum der Extreme. Alle sechs Stunden lösen Ebbe und Flut einander ab, verändern Sand und Schlick ihre Gestalt. Wer hier überleben will, muss anpassungsfähig sein. Der nordfriesische Küstenraum gilt als weltweit einmalig – was der UNESCO das Prädikat Weltnaturerbestätte wert ist (Foto: bei List auf Sylt).

Die schönsten Outdoor-Aktivitäten

FLORA UND FAUNA NORDFRIESLANDS HAUTNAH

2005 hat die UNESCO das Wattenmeer im Rahmen eines Biosphärenreservats unter besonderen Schutz gestellt, seit 2009 ist es Weltnaturerbe. Die enorme Vielfalt der hiesigen Tier- und Pflanzenwelt lernt man am besten und unmittelbar auf einer Wanderung, an Bord eines Ausflugsschiffes oder einer Kutsche kennen – oder gar auf einem Surfbrett.

1

8

1 Zu Fuß durch die Braderuper Heide

Zwischen Kampen und Braderup versteckt sich im Osten von Sylt das 137 Hektar große Naturidyll Braderuper Heide. Ab Ende April blüht die Krähenbeere, ab Juli die Glockenheide und ab Ende August die Besenheide. Weite Ausblicke in die sanft gewellte Landschaft und über das Wattenmeer bis zum Festland gibt es das ganze Jahr über. Von Mai bis September beginnen dienstags und donnerstags um 11.00 Uhr am Naturzentrum Braderup geführte Wanderungen in den einzigartigen Lebensraum.

Naturzentrum Braderup, M.-T.-Buchholz-Stig 3, Wenningstedt-Braderup, Tel. 04651 4 44 21, www.naturschutz-sylt.de

2 SUP zum Sonnenaufgang

Auf Hawaii wurde es erfunden, auf Amrum ist es Kult: SUP, wie seine Anhänger das Stand-up-Paddling nur nennen. Wie man auf langen Boards stehend mit Stechpaddeln schon bald flott durch die Fluten gleitet, zeigt Leif Lückel. Ab Wittdün bricht er auch zu Touren auf. Und das bereits vor Morgengrauen! Bei der Sonnenaufgangstour blickt man beim Paddeln in einen roten Feuerball. Nach einer Stärkung in Steenodde mit Kaffee, Croissant und Obst geht es zurück nach Wittdün.

Leif Lückel, Tidenweg 7, 25946 Wittdün, Tel. 0171 317 76 93, www.sup-amrum.de

3 Geologische Wanderung um die Hörnumer Odde

Nirgendwo nagt die See so stark an Sylt wie an der Hörnumer Odde, lässt die Erosion trotz Sandvorspülungen Sylt schrumpfen. Warum die Küste abbricht, wohin die Sedimente wandern und wie der Klimawandel Sylt verändert, verrät der Diplomgeologe Dr. Ekkehard Klatt auf einer zweistündigen Wanderung, bei der Wasser und Sand die Füße umspülen und die stete Brise jeden Stress einfach wegbläst.

Dr. Ekkehard Klatt, Postfach 1446, 25966 Sylt, Tel. 04651 83 55 31, https://geotourssylt.de

4 Wattwandern für alle

Auch Menschen mit Handicap können unmittelbar Watt erleben! Möglich macht das die erste Watt-Rollstuhl-Station mit fünf Rollstühlen, die als Gemeinschaftsprojekt des Nationalparkamts in Tönning, der Kurverwaltung der Insel Nordstrand und der Wattführerin Christine Dethleffsen bei Fuhlehörn eingerichtet wurde. Von Beruf Physiotherapeutin und als Nationalpark-Führerin zertifiziert, begleitet Christine Dethleffsen Menschen mit Beeinträchtigungen auf Wunsch auch bei Ausflügen ins Watt.

Wattwanderungen Christine Dethleffsen, Westerstraße 32, 25821 Bredstedt, Tel. 04671 66 14, www.watt-wandern.de

5 Schatzsuche per GPS

Schnitzeljagd ganz modern: Beim Geocaching wird GPS-geführt nach versteckten Dosen gesucht, die mithilfe geografischer Koordinaten gefunden werden können. In den Dosen stecken neben dem obligatorischen Logbuch, in das sich jeder Finder einträgt, meist auch noch kleine Überraschungen. Auf Föhr gibt es gut 50 Caches unterschiedlicher Schwierigkeitsgrade, die per Rad, zu Fuß oder auch auf Inline-Skates gefunden werden können. Wo sie sich befinden, verrät www.geocaching.com.

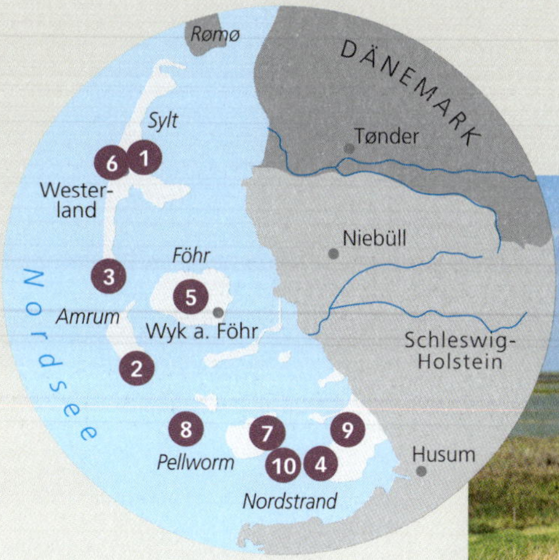

6 Klima-Walking

Schlick und Reizklima wirken sich positiv auf die Gesundheit aus. Besonders intensiv erlebt man dies beim Klima-Walking an der Brandungszone. Dass es sich dabei nicht einfach nur um einen flotten Spaziergang handelt, verrät auf Sylt Birgit Ifland: „Beim Klima-Walking kann man die gesunde Seeluft genießen, den Kreislauf in Schwung bringen, neue Leute kennenlernen und auch noch etwas über die Insel erfahren“, erklärt die Trainerin des ISTS (Insel Sylt Tourismus-Service).

Klima-Walking, Buchung unter Tel. 04651 99 80, www.insel-sylt.de und www.syltnesscenter.de; Do. 10.30 Uhr, 90 Min.

7 Seetierfang

Abgelegt und losgefahren auf den Spuren der Unterwasserwelt: In einem seichten Priel lässt Kapitän Hans-Werner Matthiesen ein Netz ins Wasser gleiten und schleppt es einige Minuten. Dann entleert er den Fang im Salzwasserbassin an Bord der „Nordfriesland“, in der sich augenblicklich die ganze Vielfalt des Wattenmeers tummelt: Schollen, Steinpicker, Seeskorpione, Krebse und Garnelen, Einsiedlerkrebse, Wellhornschnecken, Seesterne und Seeigel. Wie sie leben und was sie fressen, verrät ein Nationalpark-Ranger, der immer mit an Bord ist.

Neue Pellwormer Dampfschiffahrts GmbH, Am Tiefwasseranleger 1, 25849 Pellworm, Tel. 04 84 47 85, www.faehre-pellworm.de; ab Hafen Pellworm, Fahrtdauer ca. 3 Std.

8 Seehund-Spotting

Kapitän Hellmann schippert mit seiner kleinen „Gebrüder“ zu den Sandbänken des Norderoogsandes, auf denen Seehunde in der Sonne dösen. Im Sommer bringen sie hier ihre Jungen zur Welt. Unter den Welpen gibt es immer wieder ein paar Heuler – sie haben ihre Mutter verloren und heulen laut, um von ihr gefunden zu werden. Gelingt dies nicht, werden sie in den Seehundstationen von Friedrichskoog und Norddeich so lange aufgepäppelt, bis sie sich selbst versorgen können.

Johann Hellmann, Tel. 04844 320 oder E-Mail an mannhell@yahoo.de

9 Radtour durch den Beltringharder Koog

Die frühere Nordstrander Bucht bildet heute das größte Naturschutzgebiet Festland-Schleswig-Holsteins. Entdecken Sie eine ausgedehnte Salzwasserlagune, Schilfgürtel und Feuchtwiesen mit dem Fahrrad oder E-Bike. Picknickkörbe und Fernglas nicht vergessen – der Koog, ist vor allem im Frühjahr und Herbst ein Vogelparadies!

Beltringharder Koog, weitere Informationen unter erlebnistouren-nordfriesland.de, Wald-, Moor- und Vogelschutzgebiete

10 Kutschtour zur Hallig Südfall

Zur Hallig Südfall, rund 5 km westlich von Nordstrand, kutschiert Werner Andresen. Zwei stämmige Pferde ziehen den hohen Wattwagen von der Badestelle Fuhlehörn durch das weite Watt hin zur einzigen Warft auf dem Mini-Eiland, das sich als Oase der Natur mitten im Weltnaturerbe versteckt. Strandflieder und Strandaster setzen leuchtende Farbtupfer, Zug- und Wattvögel rasten auf den Salzwiesen.

Wattenkutscher, Westen 93, 25845 Nordstrand, Tel. 04842 300, www.suedfall.de/kutschfahrten; nach Voranmeldung April–Okt. tgl. ab Nordstrand-Fuhlehörn, 3,5 Std.

Sylt · Norden

*

DÜNEN, HEIDE UND MOORE

*

Spektakuläre Wanderdünen, romantische Heidetäler, dunkles Moor, farbige Steilufer und feinste Sandstrände, hohe Nordseewellen und endlos wirkendes Wattenmeer: So vielfältig und reizvoll wie die Natur präsentieren sich auch die Orte im Sylter Norden und Westen.

Eigentlich ist Sandburgenbauen auch am Strand bei Kampen aus Küstenschutzgründen verboten.

Der gusseiserne Leuchtturm List-West sichert seit 1858 die Schifffahrt nördlich der Insel.

Wegen ihrer Nesselzellen von den Urlaubern gefürchtet: Feuerqualle auf dem Trockenen

Abendliche Stimmung vor Kampens Rotem Kliff

Friesenarchitektur beherrscht die Insel – auch auf dem Ellenbogen.

Besonders ursprünglich zeigt sich die Natur auf Sylt, der mit 99 Quadratkilometern größten deutschen Nordseeinsel, im Listland. Eine Mautstrecke erschließt die Düneneinsamkeit des Ellenbogens. Die 1300 Hektar große Nordspitze ist seit 1921 Naturschutzgebiet. Das Baden gilt wegen der starken Strömung als lebensgefährlich – die „große Runde" zu Fuß um die Nordspitze jedoch als beeindruckendes Naturerlebnis. Besonders imposant ist die Große Wanderdüne, ein ca. 30 Meter hoher und einen Kilometer langer Sandberg, den der kräftige Westwind immer weiter gen Osten treibt. Um diese Wildnis so ursprünglich wie möglich zu erhalten, darf das Naturschutzgebiet nicht betreten werden.

Der stete Wandel prägt nicht nur die Dünen des Listlands, sondern auch die nördlichste Gemeinde Deutschlands. Seit 2007 ein militärisch knappes „Meine Damen und Herren, das war's" nahezu ein Jahrhundert Marine und Fliegerei in Sylts Norden beendete, hat List den überfälligen Ausbau der Infrastruktur nachgeholt.

AUF DEM WEG IN NEUE ZEITEN

Wahrzeichen von List ist der umgestaltete Hafen mit Buden und Boutiquen, der zur Einkaufspassage verwandelten Tonnenhalle, dem Fähranleger und der „nördlichsten Fischbude Deutschlands", in der Jürgen Gosch seine Karriere als „Fischkönig" begann. 1966 war der Eiderstedter als Maurergeselle nach Sylt gekommen. Um seinen Lohn aufzubessern, verkaufte er nach Feierabend Krabben und Aal an die Feriengäste, 1972 folgte ein Krabbenstand am Lister Hafen. Aus der „nördlichsten Fischbude Deutschlands" hat sich eine Event-Gastronomie entwickelt, die Gosch in ganz Deutschland bekannt machte. Ein Besuch seiner „Alten Bootshalle" ist für viele deshalb unverzichtbar – auch wenn das Ambiente mit Fischernetzen und touristischem Rummel an ein maritimes Hofbräuhaus erinnert.

Lister Kaleidoskop: Jürgen Gosch gehört dazu, eine Piratenfahrt auf der „Gret Palucca", die legendäre „Sylter Royal" und die alltägliche Fähre hinüber nach Rømø.

Nach der Strandwanderung kehrt man ein – mit Meerblick etwa bei Onkel Johnny's.

Special

Ernährung

Algen-Appetit

In Südostasien werden Millionen Tonnen Algen verspeist. Jetzt erobert das Gemüse aus dem Meer auch Europas Küchen.
Am Alfred-Wegener-Institut für Polar- und Meeresforschung wird in Meerwassertanks der Sylter Algenfarm die braune Meeresalge Laminaria saccharina gezüchtet – „Sylter Kombu Royal" genannt. Bei Dittmeyer's Austern-Compagnie steht sie auf der Speisekarte. In Butter gebraten, in Gemüse-Weißwein-Sud geschwenkt und mit Knoblauch abgeschmeckt wird sie serviert. Appetit auf Algen hat auch die Meeresschnecke Abalone, die ebenfalls in den Lister Meerwasser-Gewächshäusern aufwächst. Als „Sylter Meerohr" wird die vierjährig nur 80 Gramm schwere Hochpreis-Molluske nach Südostasien exportiert.

Ebenfalls kulinarischer Klassiker aus List ist die „Sylter Royal". Die Felsenauster wird seit 1986 wieder von Dittmeyer's Austern-Compagnie, Deutschlands einziger Austernzucht, vor List im Wattenmeer gezüchtet. Doch die Sylter Königin hat Gesellschaft bekommen: eine braune Meeresalge, die nach dem Willen der europäischen Unionisten aus Brüssel als gesundes Gemüse unseren Speiseplan bereichern soll.

Um List auch als Wissenschaftsstandort zu stärken, entstand der Plan, die ehemalige Marineversorgungsschule (MVS) zum Nordsee College Sylt (NCS) umzuwandeln. Wo von 1958 bis 2007 Schiffsköche, Sanitäter und Stabsoffiziere den letzten Schliff bekamen, sollten Studenten unterrichtet werden. Auch wenn die NCS-Pläne letztlich scheiterten: Die Investoren bleiben. Und streiten seitdem mit der Gemeinde List, ob auf dem Gelände Wohnungen und Ferienunterkünfte gebaut werden können. Dass es im Sylter Norden lange dauert, bis etwas umgesetzt wird, hat fast schon Tradition. Vier Jahre mussten die Lister bis zum ersten Spatenstich für ein Luxushotel warten. Umso größer war dann die Freude, als das „Grand Spa A-Rosa" mit Gourmetrestaurant, 193 Luxuszimmern und Spa-Bereich eröffnete. Und so wird auch die MVS eine Zukunft haben.

DAS ST. TROPEZ DES NORDENS

Das glamouröse Sylt ist in Kampen zu Hause. Hier liegt der mit den 52 Metern der Uwe-Düne höchste Punkt der Insel, und auch die Immobilienpreise sind am höchsten – bemerkenswert daher, dass die Heide zwischen Rotem Kliff und dem Ortskern nicht bebaut werden darf. Seit 1913 regelt die Bauordnung zudem die Höhe der Häuser sowie ihr Aussehen: Rotklinker mit Reetdach ist Pflicht.

Doch der Attraktivität Kampens tut dies keinen Abbruch. Im Gegenteil. „Hier rummelt sich die komischste Gesellschaft, die Sie sich denken können, nur Menschen von Interessen, die zu dieser Landschaft in Beziehung stehen – Musiker, Schriftsteller, überhaupt Künstler", so der Schriftsteller Hermann von Wedderkop 1927 in seinem Gesellschaftsroman „Adieu Berlin". Vor allem Verleger entdeckten ihr Herz für diese Sylter Dünenlandschaft. Ferdinand Avenarius, Ernst Rowohlt, Siegfried Jacobsohn, Peter Suhrkamp und Axel Cäsar Springer logierten zwischen Kliff und Heide und lockten Künstler und Schriftsteller an. Begeistert schrieb Max Frisch aus Kampen: „Man badet hier nackt, und das ist herrlich." Marcel Reich-Ranicki, der Jahre später die Freikörper-Kultur am Kampener Strand sah, erblickte indes nur „Quadratkilometer Schamhaar".

Zur Cocktailstunde reiht sich vor Kampens „Gogärtchen" manche automobile Preziose.

Nicht ohne Grund wird Kampens Strönwai „Whiskymeile" genannt – auch wenn es hier natürlich genauso gut Champagner sein darf.

Hervorragende Kaffees aus aller Welt, hausgemachte Kuchen und ein Paradeblick auf das Wattenmeer: Die Kampener „Kupferkanne“ ist zu Recht beliebt.

ERST VON KÜNSTLERN UND INTELLEKTUELLEN BEVORZUGT, WURDE KAMPEN ZUM TREFFPUNKT DER SCHÖNEN UND REICHEN.

Wie immer kommt es auf die Präsentation an: Der Besuch des 5000 Jahre alten Denghoog in Wenningstedt kann sehr spannend sein.

Manches Sylter Haus ist ziemlich neu, doch der Stil blieb seit Langem gleich: Braderup.

Wenningstedt ist ein Familienbad – und da gehört das Buddeln einfach dazu.

Wenningstedts größte Attraktion ist der herrlich breite Strand. Da findet sich bestimmt ein freies Plätzchen oder ein Strandkorb.

»UNTER ALLEN UMSTÄNDEN BADE MAN OHNE KLEIDER. DENN DIE (KLEIDER) VEREITELN GAR LEICHT DEN ERFOLG DES GANZEN BADENS.«

Sylter Arzt A. Jenner um 1850

Ob Aufklärung mit Oswald Kolle an der legendären Buhne 16 oder wilde Gelage: Das erst von Künstlern und Intellektuellen bevorzugte Kampen wurde zum Treffpunkt der Schönen und Reichen. Wer zum Jetset gehören wollte, ging nachmittags ins „Gogärtchen“, abends in die „Kupferkanne“ und später zur Party ins „Pony“. Das Geschehen am 300 Meter langen Strönwai, der Hauptstraße des kleinen Ortes, war dem Fernsehsender RTL Mitte der 1990er-Jahre sogar eine TV-Serie wert, die „Sylter Geschichten“.

Auch bei den Nazi-Größen galt die Insel in den 1930ern als schick. So hatte Hermann Görings Ehefrau Emmy ein Ferienhaus hier. Doch schon wenige Jahre später wurde die Insel zum Sperrgebiet: Während des Zweiten Weltkriegs wurden von List bis Hörnum Bunkeranlagen in die Dünen am Weststrand gebaut, die heute die Erosion wieder freigibt.

IM AUFWIND

Die Energiewende scheint den deutschen Norden zur Boom-Region zu machen: Besonders die Windenergie sorgt in den Kassen von zuvor vom Tourismus oder der Landwirtschaft abhängigen Kommunen für schwarze Zahlen. Zuerst breiteten sich die Windräder auf dem Küstenland aus – in Schleswig-Holstein erzeugten Mitte 2020 2998 Windanlagen 6699,8 Megawatt Leistung; weitere 177 Anlagen stehen vor der Inbetriebnahme. Rein rechnerisch hat das nördlichste Bundesland bereits 2017 115 Prozent seines Strombedarfs aus erneuerbaren Energien gedeckt. Doch die installierte Leistung soll weiter erhöht werden – vor allem mithilfe von gigantischen Offshore-Anlagen wie dem deutsch-dänischen Milliardenprojekt Dan Tysk, das 2015 mitten im Meer westlich von Sylt den Betrieb aufnahm und seither „sauberen“ Strom für 40 000 Haushalte produziert.

34 Kilometer westlich von Sylt ist der Offshore-Bürgerwindpark Butendiek mit ebenfalls 80 Turbinen entstanden. Die Klage des Naturschutzbundes, weil Butendiek im Fauna-Flora-Habitat „Sylter Außenriff“ und im Vogelschutzgebiet „Östliche Deutsche Bucht“ der Europäischen Union liegt, blieb erfolglos. Nach der Übernahme durch eine private Entwicklungsgesellschaft konnte 2014 die Errichtung von drei ersten Windenergieanlagen vermeldet werden; seit Sommer 2015 liefert der fertiggestellte Windpark Butendiek emissionsfreie Energie an 370 000 Haushalte. Noch riesiger ist der Offshore-Windpark Sandbank 24, in dem sich 90 Kilometer vor Sylt heute 72 Windenergieanlagen drehen. Alle drei Windparks sind jedoch von der Insel aus nicht zu sehen.

Ringreiten

DIE HERREN DER RINGE

Das Ringreiten hat eine lange Tradition in Nordfriesland. Bereits im 14. Jahrhundert erhielten Pferdeknechte pro Jahr einen freien Tag und ein Pferd von ihren Herrschaften, damit sie sich am Ringreiten beteiligen konnten. Richtig in Mode kam das Ringreiten jedoch erst in der Mitte des 19. Jahrhunderts, als die ersten Ringreitervereine auf Sylt und Föhr gegründet wurden.

Wenn auf den nordfriesischen Inseln von Mai bis August die Galgen aus weißem Holz aufgebaut werden, so schlägt dort nicht die letzte Stunde für Sünder: Sondern es ist wieder Ringreiter-Zeit! Das Turnier erfordert ein hohes Maß an Geschicklichkeit und Übung. Ziel ist es, dreimal hintereinander auf dem Rücken eines galoppierenden Pferdes mit einer langen Lanze einen Metallring aufzuspießen. Dabei hängt der Ring zwischen zwei vier Meter hohen Pfosten an einem Seil – und wird bei jedem Durchgang kleiner. Der alles entscheidende Königsring hat einen Durchmesser von nur 1,3 Zentimetern – und muss dreimal auf der Lanze stecken! Nur wem dieses Kunststück gelingt, der kann als „Herr der Ringe" zum Ringreitkönig – oder mittlerweile auch zur Ringreitkönigin – gekürt werden.

Auch auf Pellworm ist eine treffsichere Ringreiterszene zu Hause.

Um die Trefferquote zu erhöhen, wird dem Reiter ein hochprozentiger „Satteltrunk" gewährt. Doch nicht immer ging es dabei maßvoll zu. Ende des 19. Jahrhunderts hielt der Schriftführer eines Sylter Ringreitervereins in seinem Protokoll fest: „Der Wein fließt schon vorher in Strömen, doch die echten Ringreiter nehmen sich in Acht und vermeiden einen vorzeitigen Rausch ..."

Vor allem für Einheimische ist das Ringreiten ein großer Spaß (links). Die Pferde werden mitunter geschmückt (oben).

Nach Turnier und Krönung folgt traditionell ein Umzug: Prachtvoll in dunkle Uniformen gekleidet, ziehen die Ringreiterinnen und Ringreiter durch die Inselorte – auf Sylt sogar über die Westerländer Flaniermeile Friedrichstraße. Orden schmücken die Brust der Reiter, Wimpel die Lanzen. Hufe klappern, Marschmusik schmettert, die Pferde schnauben. Mit acht Vereinen – fünf Männerclubs und drei „Amazonen"-Corps – ist Sylt die Hochburg der Ringreiter, aber auch auf den anderen Inseln ist diese an mittelalterliche Reiterspiele erinnernde Tradition beliebt. Jeder Ringreitverein hat seine eigene Uniform. Auf Sylt dominieren dunkelblaue und schwarze Jacken mit farbigen Schmuckelementen; auf Föhr tragen die Frauenringreiter rote Jacken.

Der Startschuss zur Sylter Ringreitersaison fällt im Mai beim Archsumer Ringreiterverein von 1863. Nach acht Einzelturnieren auf den Plätzen in Keitum, Morsum und Archsum werden beim Amtsringreiten Ende August alljährlich der beste Einzelreiter sowie die erfolgreichste Mannschaft ermittelt. Um den König der Könige krönen zu können, treffen sich die Aktiven noch beim Landesringreiten. Auf Föhr küren die Clubs der Insel ihr bestes Team beim Bundesringreiten in Oldsum.

Zum sportlichen Wettstreit am Sonntag gehört auch immer der abendliche Tanz – zugelassen zum Reiterball sind allerdings nur Teilnehmer des Wettbewerbes. Als Zuschauer bei den Turnieren und Umzügen sind jedoch überall Gäste willkommen. Und wer mag, kann bei (Kur-)Gast- oder Kinderringreitturnieren einmal selbst Glück und Geschick erproben.

Informationen

Die Termine für das Ringreiten finden Sie im Veranstaltungskalender der jeweiligen Kommunen und Pferdesportverbände Nordfrieslands.

Maßstab 1:60.000
0
1km
Salzsand
Lister Tief
Achtung Baden lebensgefährlich!
Nördl. Punkt Deutschlands
Leuchtturm List-West
Westellenbogen
Ellenbogen
(Alembög)
Sörensknöll
Leuchtturm List-Ost
Ostellenbogen
Ellenbogenspitze
Lister Landtief
Schutzzone I
Königshafen
Ellenbogenberg
Mautgebühr für PKW
Weststrandhalle
NORDSEE
Seevogel-Brutgebiet
Uthörn
Norder-
Strandtal
NSG
Mövenberg
Jenslongtal
Jensmettenberg
Lister Nehrung
FKK
List auf Sylt
Ellenbogental
Listland
Wanderdüne
Süder-
Manne-
Strandtal
Nord-Sylt
morsum-
tal
Sandberg
Dorflage Alt-List
Erlebniszentr. Naturgewalten
Alter Gasthof
Gosch am Hafen
Kurverwaltung
Brunnenfeld
Hundestrand
Strandsauna
Sütterknoll
Austernmeyer
List Hus
Wetterstation List
Mellhörn
Ostrand-Promenade
Bildseltal
Wanderdüne
Strandtal
Blidsel
Süderheidetal
Blidselbucht
Irrtief
Lister Ley
NSG
Westerheide
Akademie am Meer Klappholttal
Jugendseeheim Kassel
Vogelkoje
Kampener Vogelkoje
Nord-Sylt
Nationalpark
Buhne 16
Vogelkoje
Hamburger Kinderheim
NSG
Kampener
Vogelkoje
NSG Nielönn
Quermarkenfeuer
Haus Kliffende
Sturmhaube
Hoogenkamp
NORDSEE
Uwe-Düne
Gogärtchen
Kupferkanne
Kliff
Kampen (Sylt)
Kampener Leuchtturm
Wonnemeyer
Pandertief
Butter
Nordfriesischer Halle
Mini-Cross-Sylt
Golf-Club Sylt
Braderuper
Heide
Fitschen am Dorfteich
Dorfgeest
"Haus am Kliff"
Wenningstedt
Hotel Excelsior
Wenningstedt-Braderup (Sylt)
Braderup
Weißes Kliff
Schleswig-
sand
Rauling-
sand
Sanatorium
Holzbrücke
Naturschutz-gemeinschaft
Marine-Golf-Club
Mülldeponie
Nordseeklinik
Bioklimatologische Station
Keitumer
Heide
1
2
3

DER INSELNORDEN WIRD ALLEN WÜNSCHEN GERECHT

Hier zeigt Sylt, warum es Deutschlands beliebteste Urlaubsinsel ist: Ob Brandung an der Westküste oder stille Weite am Watt, ob Dünen, Deiche oder Heide, Trubel oder Abgeschiedenheit: Für jede Stimmung bieten Sylts Norden und Westen das Passende. Hingucker sind die Kreuzfahrtriesen, die im Sommer vor der Küste ankern.

1 List auf Sylt

List auf Sylt (1600 Einw., 1100 Zweitwohnsitze) bildet erst seit rund 150 Jahren die nördlichste Gemeinde Deutschlands. 1866 kam das bis dahin königlich-dänische und bereits im 13. Jh. erwähnte Listland mit seinen Dünen zum preußischen Königreich. 1914 ließ sich das Militär in List, dessen Name aus dem Altdänischen stammt und wohl schlicht (Küsten-)Streifen bedeutet, nieder und richtete u. a. einen Zeppelinhafen ein, aus dem nach dem Ersten Weltkrieg ein Seefliegerhorst wurde. Ende 2007 schloss die Bundeswehr den Standort. Das alte Kurzentrum wich dem nicht unumstrittenen exklusiven „Grand Spa A-Rosa Hotel List", der Hafen hat sich längst von der Budenstadt „List Vegas" zu einem maritimen Schmuckstück gewandelt. Mit dem Lister Markt schenkte sich der nördlichste Inselort eine neue Mitte – mit Design Hotel und Easy-Restaurant, Fahrradverleih und vielen Geschäften.

Erlebniszentrum Naturgewalten in List (oben); Lists Alte Tonnenhalle (rechts oben); Alte Bootshalle (rechts unten)

SEHENSWERT

Hauptanziehungspunkt im Ortskern im Osten ist der **Hafen** mit seinen Shops in und um die historische Tonnenhalle, in der einst Seezeichen lagerten, dem Fähranleger und der „nördlichsten Fischbude Deutschlands", mit der Jürgen Gosch seine Karriere als „Fischkönig" begann. Die Vielfalt und Schönheit der Küsten und Meere bringt auf drei Themenpfaden das **Erlebniszentrum Naturgewalten Sylt** TOPZIEL am Lister Hafen näher: Klima, Wetter und Klimaforschung, Kräfte der Nordsee sowie Leben mit Naturgewalten (Hafenstraße 37, Tel. 04651 83 61 90, https://naturgewalten-sylt.de; tgl. 10.00–18.00, Juli, Aug. bis 19.00 Uhr). Inmitten der Dünen ruht ein Ehrenbürger Lists, der in den 1930er-Jahren für Schlagzeilen sorgte: Wolfgang von Gronau (1893–1977) überquerte 1930 vom Seefliegerhorst aus als einer der Ersten mit einem Wasserflugzeug den Atlantik in Ost-West-Richtung und umrundete 1932 auf einer 60 000 km messenden Route die Welt.

AKTIVITÄTEN

Baden ist am Ellenbogen wegen der starken Strömung lebensgefährlich! Alternativ liegt westl. des Ortes der 40 km lange Sylter Strand. Über geführte **Wanderungen** am Strand, über die Heide und die Dünen informiert die Kurverwaltung. Der geschützte „Königshafen" ist ein ideales Revier für Wind- und Kitesurfer. Von List fahren tgl., saisonal stdl., Autofähren der Rømø-Sylt-Linie in 35 Min. nach Havneby auf der dänischen Insel **Rømø** (Rømø-Sylt-Linie GmbH & Co. KG, Norderhofenden 19, 24937 Flensburg, Tel. 0461 86 40, www.syltfaehre.de). Kegelrobben und Seehunde lassen sich bei den **Seetierfang-Fahrten** entdecken (Adler-Schiffe GmbH & Co. KG, Boysenstraße 13, 25980 Westerland, Tel. 04651 987 08 88, www.adler-schiffe.de).

KINDER

Am Hafen bricht die „Gret Palucca" zur **Piratenfahrt** auf (Adler-Schiffe GmbH & Co. KG, Boysenstraße 13, Westerland, Tel. 04651 987 08 88, www.adler-schiffe.de; April–Okt.).

RESTAURANTS

Wo einst Boote und Seezeichen lagerten, wird heute frischer Fisch in vielen Variationen genossen: Eine Portion gegrillte Scampi in **Gosch's Alter Bootshalle** ist für viele Sylt-Urlauber Pflicht (am Hafen, Tel. 04651 87 03 83, www.gosch.de). Seit 1986 ist es ebenfalls ein echter Klassiker, sechs „Sylter Royal"-Austern im **Bistro Austernmeyer** zu schlürfen (Dittmeyer's Austern-Compagnie & Austernmeyer, Hafenstraße 10, Tel. 04651 87 08 60, www.sylter-royal.de).

VERANSTALTUNGEN

Am 21. Feb. wird wie überall auf Sylt das **Biikebrennen** veranstaltet; heute ein Volksfest, gehörte es einst zu der alljährlichen Verabschiedung der Walfänger-Mannschaften. Der **Sylt-Triathlon** im Juni besteht aus Radfahren durch die Lister Dünen, laufen auf dem Königsdeich und schwimmen im Wattenmeer. Ein Volksfest ist auch das sommerliche **Lister Hafenfest** (Aug.). Bei der **Strandkorbversteigerung** (Okt.) kommen ausgediente Strandmöbel unter den Hammer.

UMGEBUNG
Einen Hauch von Sahara kann man im Listland erleben. Besonders imposant ist die **Große Wanderdüne**, ein ungefähr 30 m hoher und 1 km langer Sandberg, den der Westwind immer weiter gen Osten treibt – wie schnell, ist im Erlebniszentrum Naturgewalten Sylt zu erfahren. Um diese Wildnis so ursprünglich wie möglich zu erhalten, darf das Naturschutzgebiet nicht betreten werden. Ebenfalls für Besucher gesperrt ist die **Vogelschutzinsel Uthörn**.
Der Königshafen war im Mittelalter ein wichtiger Schutzhafen zwischen Elbmündung und Jütlands Nordspitze. Im Dreißigjährigen Krieg lieferten sich 1644 hier die dänische und die holländisch-schwedische Flotte eine bedeutende Seeschlacht. Die unberührte Natur der Dünen am **Lister Ellenbogen** lässt sich zu Fuß oder per Fahrrad ausschließlich auf der 17 km langen, mautpflichtigen Zufahrtstraße entlang der Übergänge zum Strand oder vom Strand aus erkunden. Die noch weitgehend ursprüngliche, raue Natur am Ellenbogen begeisterte im Frühjahr 2009 auch den Filmemacher Roman Polanski, sodass er dort Szenen für seinen Thriller „The Ghostwriter" drehte.

Tipp

Zum Sunset ans Kliff

4 km lang und 35 m hoch, ragt das **Rote Kliff** TOPZIEL fast senkrecht an der Westküste auf und gibt den Blick frei auf die 120 000 Jahre alte Moräne der Saale-Eiszeit. Und wenn die Sonne glutrot im Meer versinkt, funkelt das Rote Kliff in allen erdenklichen Farbschattierungen – ein Farbspiel, das sich in den Liegestühlen der Holzplattform am Strand ausgestreckt herrlich beobachten lässt. Packen Sie sich dazu einen Picknickkorb, und vergessen Sie nicht den „Strandwein"!

Ganzjahressauna direkt am Kampener Strand: „La Grande Plage" (oben); Friesenhäuser in Kampen (rechts)

INFORMATION
Kurverwaltung List auf Sylt, Landwehrdeich 1, 25992 List/Sylt, Tel. 04651 952 00, www.list.de

2 Kampen

Neben der FKK-Kultur begründete das Nachtleben den Mythos von Kampen, das bis heute als Treffpunkt der Reichen und Schönen, Stars und Sternchen gilt. „Man badet hier nackt, und das ist herrlich," schwärmte Max Frisch – viele folgen seinem Vorbild bis heute. Im 16. Jh. erstmals genannt, wurde Kampen (500 Einw.) von Landwirtschaft, Fischfang und Seefahrt geprägt, bis Mitte des 19. Jhs. der Seebädertourismus begann, der in den 1950er-Jahren hier eine mondäne Seite erhielt.

SEHENSWERT
Der kleine Ortskern erstreckt sich um den **Strönwai**, besser bekannt als „Whiskymeile". Auf 300 m drängen sich Edeljuweliere, Boutiquen, Makler, Galerien und In-Treffs. Einen Rundblick auf Sylt bietet die Aussichtsplattform der **Uwe-Düne**, mit rund 52 m höchster „Berg" der Insel; benannt wurde sie nach dem Sylter Landvogt und Kämpfer für ein von Dänemark unabhängiges Schleswig-Holstein Uwe Jens Lornsen (1793–1838).
Der **Kampener Kunstpfad** wird stetig erweitert. Mittlerweile erinnern 32 Bronzestelen an Kreative wie Peter Suhrkamp oder Thomas Mann, die in Kampen ein inspirierendes Zuhause auf Zeit oder ihre Wahlheimat fanden. Das Meertor von Joerg Plickat schmückt zudem als Skulptur den Avenarius-Park.

AKTIVITÄTEN
Idyllisch ist das **Klappholttal** nördl. von Kampen – mitten durch das Dünental mit seinen Krüppelkiefern und Heideflächen führt der Fahrrad- und Wanderweg nach List. Er verläuft auf dem ehem. Gleisbett der Inselbahn, die bis 1970 verkehrte. Eine **Sauna** am Strand bietet „La Grande Plage" mit Strandbistro (Riperstig/Weststrand, Tel. 04651 88 60 78, www.syltsauna.de/la-grand-plage).

RESTAURANTS
Die **Kupferkanne** ist seit 1950 eines der beliebtesten Cafés der Insel (Stapelhooger Wai, Tel. 04651 41 01 0, www.kupferkanne-sylt.de).

Eine Institution ist auch das **Gogärtchen** mit Landküche und Champagner (Strönwai 12, Tel. 04651 4 12 42, www.gogaertchen-sylt.de).

NACHTLEBEN
Prominente sind seit 65 Jahren gern im **Pony** (Strönwai 6, Tel. 04651 4 21 82, https://pony-kampen.de). Legendär ist auch der Nacht-**Club Rotes Kliff** mit Cocktailbar und Disko (Braderuper Weg 3, Tel. 04651 4 34 00, https://40-crk.de). Berühmt für seine Bowle ist das **Rauchfang** (Strönwai 5, Tel. 04651 4 26 72, www.rauchfang-kampen.de).

VERANSTALTUNGEN
Zum **Ostereierlauf** und **Osterfeuer** trifft man sich an Buhne 16 (Oster-So.). Der **Kampener Literatursommer** lädt ins Kaamp-Hüs (Juli–Sept.).

UMGEBUNG
Wie bis 1921 Enten gefangen wurden, zeigt die 1767 erbaute und unter Denkmalschutz stehende **Kampener Vogelkoje** zwischen Kampen und List mit dem gleichnamigen Lokal (April tgl. 11.00–16.00, Mai–Sept. Mo.–Fr. 10.00–17.00, Sa., So. 11.00–17.00, Okt. tgl. 12.00–16.00 Uhr).

INFORMATION
Tourismus-Service, Hauptstraße 12, 25999 Kampen, Tel. 04651 469 80, www.kampen.de

3 Wenningstedt

Das Nordseeheilbad (1421 Einw.), das 2010 sein 50-jähriges Bestehen feierte, sieht sich in erster Linie als Familienbad. An der Steilkante ist Fitness angesagt. Längst von Meer bedeckt ist der legendäre Hafen Wonningstair, von dem aus um 450 n. Chr. die Angeln und Sachsen aufgebrochen sein sollen, um das von den Römern aufgegebene Britannien zu erobern.

SEHENSWERT
Wenningstedts Attraktion ist der **Strand**, schließlich lebt die Gemeinde überwiegend vom Tourismus – wie die anderen Sylt-Gemeinden auch. Zeugnisse der Vergangenheit haben sich am Dorfteich erhalten. Der rund 5000 Jahre alte **Denghoog** – der Name wird mit Thinghügel übersetzt – gilt als größtes Steingrab Nordwesteuropas; zwölf Tragsteine stützen die drei Felsplatten der Decke. Durch einen schmalen Gang geht es in die 5 m lange, 3 m breite und 1,80 m hohe Grabkammer (Tel. 04651 57 69; Mai–Sept. tgl. 10.00–17.00, Okt. 10.00–16.00 Uhr, Dez.–März geschl.).
Die **Friesenkapelle** am Dorfteich wurde 1914 aus Backstein errichtet und im Innern im Jugendstil gestaltet. In der Nachbarschaft zeigt das **Commandeur-Teunis-Haus** eine Tür, die als schönste Nordfrieslands gilt.

AKTIVITÄTEN
Am Fuß des Leuchtturms (seit 1856 in Betrieb; nicht zu besichtigen) liegt ein **18-Loch-Golfplatz** (www.golfclubsylt.de). Kurse im Kite- und Windsurfen hält die **Surfschule** Camp One ab (Abgang Risgap/Dünenstraße, Tel. 04651 4 33 75, https://campone-sylt.de).

RESTAURANTS
Auch wer nicht – wie einst Thomas Mann – in der weißen Villa logiert, sollte einmal die Küche im **Strandhörn** genießen – es lohnt sich (Dünenstraße 1, Tel. 04651 94 50 0, www.strandhoern.de). Das **Onkel Johnny's** liegt traumhaft am Strand (Am Strand 1, Tel. 04651 299 98 80, www.johnny-sylt.de). Ambiente und Fischküche von **Wonnemeyer** sind legendär – toll nach einem Spaziergang am Ellenbogen (Ellenbogen 3, Tel. 04651 87 02 66, www.wonnemeyer.de/weststrandhalle)!

VERANSTALTUNGEN
Touristischer Anziehungspunkt ist das alljährliche **Dorfteichfest** (Ende Juli). Von Ende Juni bis Anfang September begeistert der **Insel Circus** mit einem Programm zum Anschauen und Mitmachen (www.inselcircus.de).

UMGEBUNG
Seit 1927 bildet Wenningstedt mit **Braderup** ein „Doppelpack". Das ruhige Dörfchen zur Wattseite ist ideal für alle, die gern Rad fahren oder wandern. Eine Alternative zum Strand das 140 ha große Naturschutzgebiet **Braderuper Heide** mit vielen bedrohten Pflanze der Roten Liste. Führungen hier bietet die Naturschutzgemeinschaft Sylt an; ihr Naturzentrum birgt neben Naturkundeausstellungen einen interessanten Gesteins- und Kräutergarten (M.-T.-Buchholz-Stich 10a, Tel. 04651 4 44 21, www.naturschutz-sylt.de; April–Nov. Mo.–Sa. 10.00 bis 18.00 Uhr). Im Osetal-Wäldchen lädt die **Sylter Sagenwelt** den Nachwuchs zur Rätsel-Rallye.

INFORMATION
Tourismus-Information, Dünenstraße 17, 25996 Wenningstedt-Braderup, Tel. 04651 9 89 00, www.wenningstedt.de

KOBRA AM STRAND

In den letzten Jahren haben Kobras und Krokodile, Heuschrecken und herabschauende Hunde Sylt erobert, und zwar drinnen wie draußen, am Strand wie in der Sporthalle. Nein, es sind keine wilden Tiere, die auf einmal die Insel bevölkern. Die Tiernamen gehören vielmehr zu den Übungen einer wachsenden Schar von Yoga-Anhängern, die sich auf Sylt einzeln oder in Gruppen sportlich betätigen. Wie kaum eine andere Sportart stärkt Yoga Geist und Körper zugleich, gibt Kraft, macht beweglicher und entspannt mental wie körperlich. Unter den Nordfriesischen Inseln ist Sylt zum Hotspot der Yogi aufgestiegen.

Dort können Sie im Urlaub die sehr unterschiedlichen Formen von Yoga kennenlernen. Einige sind eher körper- und fitnessbetont, andere philosophischer oder meditativer. Immer aber geht es letztlich um Ganzheitlichkeit – als Mensch, als Teil der Umwelt, als Erdbewohner. Susanne Narayani Chinnow beispielsweise arbeitet seit 2006 als selbstständige Yogalehrerin auf Sylt und ist zertifiziert im Sivananda-Hatha-, Raja- und Vinyasa-Stil. Mitten in Westerland hingegen betreibt Katja Schöneberndt ihr „Yogarium", wo sie seit 2019 offene Yoga-Klassen, thematische Workshops und Personal Yoga anbietet.

Innere Einkehr am Meer: Auf Sylt ist sie vielerorts und in diversen Formen möglich.

Tina Molsen hat an der Uni Flensburg Gesundheitswissenschaften studiert. Sie mag es, wie sie sagt, direkt am Menschen zu arbeiten, und hat auf Sylt „Yogilates" erfunden, die kräftigende Verbindung von Yoga und Pilates. Molsen vermittelt ihr Wissen in Einzelstunden, Workshops und Online-Videos. Für das Fünf-Sterne-Hotel Budersand hat sie zudem ein einwöchiges Yoga-Retreat erarbeitet, bei dem auch Spaziergänge am Meer zum Programm gehören. Interessiert? Dann kommt aber vielleicht auch ein Kurs bei Katja Thomson im Klappholttal, der „Akademie am Meer", infrage. Dort fällt das Abschalten besonders leicht – der Kursort liegt in einem Funkloch!

Auf der Webseite www.sylt.de/entdecken/sport/yoga.html stellt die Sylt Marketing GmbH alle **Yoga-Angebote auf Sylt** vor.

Sylt · Süden

METROPOLE UND FRIESENIDYLL

Westerland ist die widersprüchliche „Metropole“ der Insel: Für Begeisterung sorgen der Strand, die Einkaufsmöglichkeiten und das Nachtleben, für Ernüchterung so mancher architektonische Fehltritt. Derartiges blieb Sylts Osten erspart – Keitum ist noch ein echtes Friesenidyll. Der Süden hat die Marine verabschiedet und sich als neue Perle des Sylter Jetsets etabliert.

Links des Weges liegt das Rantumbecken, ursprünglich ein Wasserflughafen, rechts das Wattenmeer.

150 Fischarten aus der Nordsee, aber auch aus den Tropen, tummeln sich im Sylt-Aquarium. Durch die Korallenwelt zieht sich ein Besuchertunnel.

Hier muss jeder Sylt-Besucher einmal durch: Westerlands Einkaufsmeile Friedrichstraße.

Tagsüber spielt an Westerlands Kurpromenade und am Strand die Musik.

»DER MENSCH SIEHT SICH AUF EINMAL INS RICHTIGE VERHÄLTNIS GESETZT ZU HIMMEL UND ERDE. WAS IST ER DA? EIN MUSCHELABDRUCK, EINS DIESER WASSERTRÖPFCHEN, DIE HIER ÜBERALL HERUMFLIEGEN.«

Schriftsteller Horst Mönnich 1954

Ach Sylt, schön muss es einmal hier gewesen sein, auch im Sommer", sinnierte der Schriftsteller Walter Jens, der 15 Jahre lang in Kampen urlaubte, beim Anblick der Westerländer Skyline. Viele möchten es ihm sicher gleichtun, wenn sie die Hochhausklötze und Apartmentblöcke aus den 1970ern erblicken. Nur hier und da erinnern hübsch restaurierte Fassaden mit Steinskulpturen und goldenen Inschriften sowie Bauten wie die 1898 eingeweihte Kurverwaltung und das Jugendstil-Hotel „Miramar" von 1903 an einstigen Glanz: Um 1900 galt Westerland als mondänstes Bad der deutschen Nordseeküste. Mit der „Neuen Mitte Sylt" sollte Westerlands Zentrum wieder schöner werden – 2015 wurde der Grundstein für die 26 Millionen Euro teure „Premium-Immobilie" gelegt, die gegenüber von „Gosch" entstand – mit großer Grünfläche vor dem dreistöckigen Gebäude.

Der rasante Aufstieg des ersten Sylter Seebads, das im Gründungsjahr 1855 98 Kurgäste begrüßen konnte, lag vor allem an einer fortschrittlichen Regelung, die damals für Schlagzeilen in den Gazetten sorgte: In Westerland durften Damen und Herren gemeinsam in die Fluten steigen statt, wie bis dato üblich, an getrennten Strandabschnitten. Berühmt wurde Westerland, von Spöttern gern als „Friesen-Monaco" betitelt, auch für sein Nachtleben. Ob beim Guinness im „Irish Pub", Cocktail schlürfend in der „Wunderbar" oder bei den Mitsinghits im „Compass": Wer gern ausgeht, kommt in Westerland auf seine Kosten. Tagsüber tobt das Leben auf der Strandpromenade und der Shoppingmeile Friedrichstraße, die als eine der wenigen Fußgängerzonen der Welt direkt am Meer endet. Doch es gibt auch noch stille, verschwiegene Winkel in Westerland. Rund um die alte St.-Niels-Kirche finden sich noch die Reste jenes alten Dorfes, das die wenigen Überlebenden Eidums dort neu gegründet hatten – am 1. November 1436 hatte die Allerheiligenflut den einstigen Hauptort Sylts zerstört. Als neues Zentrum wurde „Weesterlön" in sicheren drei Kilometer Entfernung vom Meer errichtet – heute beträgt die Strecke zum Strand allerdings nur noch 1200 Meter …

GRÜN IST DER OSTEN

Eher still und malerisch blieben auch die nahen Ostdörfer Archsum, Keitum, Morsum, Munkmarsch und Tinnum, die gemeinsam mit Rantum und Westerland die Gemeinde „Sylt" bilden. Ähnlich wie auf Fehmarn gibt es auch auf Sylt Bestrebungen, das Kirchturmdenken einzelner Orte gegen eine gemeinsam umzusetzende Politik einzutauschen und die In-

Walkiefer bilden das Tor zum Sylter Heimatmuseum in Keitum.

Das Altfriesische Haus in Keitum zeigt Wohnkultur vergangener Zeiten, als die „uthlandfriesische" Bauweise mit dem charakteristischen sogenannten Zwerchhaus über dem Eingang alltäglich war.

Keitums Kirche St. Severin ist seit über 800 Jahren Seezeichen und geistliche Zuflucht zugleich.

Menschen

Special

Lewwer duad üs Slaav

„Lieber tot als ein Sklave" ist das Motto der Nordfriesen. Es geht auf den Fischer Pidder Lüng zurück, der um 1470 in Hörnum lebte.

Lüng war bereit, für seine Rechte zu kämpfen: Als eines Mittags der Amtmann von Tondern auftauchte, um die Zehntzahlung einzufordern, kam es zum Streit. Lüng verweigerte die Abgaben mit Hinweis auf alte Rechte, auf die der Amtmann im Wortsinn spuckte – auf Lüngs Mittagessen. Wutentbrannt packte Lüng den Amtmann und drückte dessen Gesicht in den Kohl. Ob Lüng nach dem Mord flüchtete, ist nicht überliefert, der Widerstand der Friesen gegen die dänische Herrschaft dagegen belegt. Er inspirierte Detlev von Liliencron zur Pidder-Lüng-Ballade – 1978 vom Deutschrocker Achim Reichel vertont.

sel als eine Kommune zu verwalten. „Sylt als Einheit" ist das Motto der Bürgerinitiative, die als Aprilscherz 2007 online entsprechende Ortsschilder präsentierte. Die Schaffung einer gemeinsamen Kommunalverwaltung für die Insel scheitert jedoch noch am Widerstand Wenningstedts, Kampens, Lists und Hörnums.

MAN KAM PER DAMPFER

Munkmarsch war einst der Haupthafen der Insel. Hier machten die vom Festland kommenden Raddampfer fest, die von der Hoyer Schleuse aus die Bahngäste aus Hamburg zur Insel brachten. Weiter nach Westerland ging es zunächst per Kutsche, ab 1888 dann auch mit der Inselbahn. 1901 folgte der Bau der 14,5 Kilometer langen Südbahn nach Hörnum, wo die stets an guten Geschäftsideen interessierte Hamburger Reederei HAPAG mit ihrer Seebrücke erstmals einen tideunabhängigen Anleger errichtet hatte. 1903 wurde ein nördlicher Ast über Wenningstedt bis Kampen eröffnet, 1908 die Verlängerung bis nach List. Die alte Trasse der Inselbahn, 1970 stillgelegt, ist heute ein Rad- und Wanderweg. Vorbei an Weiden, Grabhügeln aus der Bronze- und Wikingerzeit, einsamen Dünen und blühender Heide, verbindet er abseits vom ganzjährig erstaunlichen Autoverkehr die Inselorte. Geht einem bei der steten Brise, die rätselhafterweise immer von vorn kommt, die Puste aus, transportieren die Busse der Sylter Verkehrsgesellschaft Gast und Rad ans Ziel. In Keitum übernehmen diese Aufgaben Pferdekutschen – der Ort ist schließlich fast autofrei.

KAPITÄNE UND KÜNSTLER

Wegen der geschützten Lage am Watt wurde Keitum nie Opfer von Sturmfluten und konnte sein historisches Erbe gut bewahren. Verschlungene Wege, gesäumt von prächtigen Friesenhäusern, die einst Kapitäne und Walfänger errichteten, durchziehen den Ortskern. Töpfer und Weber, Goldschmiede und Glasbläser haben ihre Werkstätten geöffnet, wo sie mit Fantasie filigrane Kunstwerke fertigen. In den Gärten wetteifern Hecken-, Stock- und Edelrosen mit ihrer Blütenpracht, dickes Moos und noch mehr Blumen schmücken die Steinmauern. Alleen aus Ahorn, Buchen, Linden, Kastanien und Platanen spenden Schatten. Doch anders als die Bauten ist der Baumbestand nicht alt, sondern 1998 frisch gepflanzt. Schuld daran war der Ulmensplintkäfer, der 550 alte Keitumer Ulmen befallen und mit einem Pilz infiziert hatte. Als sie gefällt werden mussten, sorgte die Aktion „Schenkt Keitum einen Baum" binnen weniger Jahre für Ersatz.

Sylt ist immer gut für exklusive Ideen: Beach Polo World Cup in Hörnum.

Sprödes Küstenstillleben: Buhnenreste am Strand von Rantum

Eine von Sylts legendären Ecken: „Sansibar" in den Rantumer Dünen

Westerlands Wellen ziehen Surfer geradezu magisch an – hier bei der Kite Surf Trophy.

Special

Kunst

Solche wie du und ich

Sie hocken in den Dünen, wandern im Badeanzug wohlbeleibt und mit Surfbrettern den Strandaufgang hinauf, duschen oder blicken hinaus aufs Meer.

An 13 Stationen sieht man derzeit auf Sylt die „Alltagsmenschen", überlebensgroße Betonfiguren von Christel Lechner. „Sie zeigen Momentaufnahmen aus dem Leben, aus Alltag und Urlaub, sagt die Künstlerin aus Nordrhein-Westfalen, die es immer wieder nach Sylt zieht.

Natürlich müssen Alltagsmenschen auch aktuellen Situationen Rechnung tragen: Die zehn neuen Figuren in Wenningstedt, die eigentlich zusammen an einer langen Tafel sitzen sollten, wurden auf drei mit komfortablen Abstand aufgestellte Tische verteilt – der Gesundheit zuliebe.

ZWISCHEN ZWEI MEEREN

Wie karg und rau präsentiert sich dagegen die Landschaft um Rantum an der schmalsten Stelle der Insel – nur 600 Meter trennen die Dünen des Weststrands von den Salzwiesen am Watt. Jahrhundertelang kämpfte der kleinste Ort der Insel gegen Sandflug und Sturmfluten – heute sind die Dünen befestigt, schützt ein Deich die Salzwiesen der Raantem Inge vor Überflutungen. Willkommen ist jedoch das Nass, das im Untergrund sprudelt: Seit 1993 füllt die Sylt-Quelle Mineralwasser ab.

Rantum war auch Heimat von Merret Lassen, der schönen Friesin, die sich Dänenkönig Frederik VI. 1825 so keck präsentierte, als dieser die „richtige Friesin" zu treffen wünschte: „Majestät wollten mich sehen. So sehe ich von vorne aus", hatte sie gesagt und sich umgedreht, „und so von hinten." Und war wieder davonstolziert. Der Rantumer Merret-Lassen-Wai hält die Erinnerung an sie lebendig.

SANDIGE SPITZE

Sand, Wind, Wellen: Dieses Trio prägt den Süden bis nach Hörnum – als einziger Ort der Insel ist das Seebad an der Südspitze an drei Seiten von Stränden umgeben. Doch auch hier nagt die See: Jeden Winter schrumpft an der Südspitze die Hörnumer Odde um mehrere Meter. Hinter dem „Südkap" direkt am Strand erhebt sich der Leuchtturm. Als er 1907 eingeweiht wurde, lebten hier außer dem Leuchtturmwärter und seiner Frau nur sieben Menschen, deren Berufsverständnis von Fischerei in uralter (Seeräuber-) Tradition die eine oder andere Strandräuberei wohl mit einschloss. Doch mit der Einweihung des Anlegers begann eine touristische Karriere. Der Raddampfer „Cobra" spülte HAPAG-Urlauber aus Hamburg und Helgoland in Hörnum an Land. Im Dritten Reich wurde Hörnum wie List Militärstandort. Intensiver sind bei vielen aber die Erinnerungen an das Jugenderholungsheim Puan Klent, in dem Generationen Hamburger Schüler legendäre Ferien verbrachten.

Mit dem Abzug der Bundeswehr erhielt auch Hörnum neue Impulse: Am Budersand, wo einst Soldaten zum Appell antraten, können Golfer heute auf einem Links-Platz am Meer abschlagen, am Standort der einstigen Pidder-Lüng-Kaserne im eleganten „Budersand-Hotel" schlemmen und sich im Spa verwöhnen lassen. Das alte Kurmittelhaus wich einem Hapimag-Resort mit Deep Nature Spa; die alte „Strandperle" dem Restaurant „Breizh". An Promenade und Hafen empfängt Hörnums Star die Gäste: Kegelrobbe Willi, die anders als ihre Artgenossen kein bisschen scheu ist.

Der Kampf um Sylt

DIE INSEL BRÖCKELT

Das berühmte Rote Kliff bröckelt. In Kampen bricht die Nordsee große Stücke aus dem alten Kern der Insel. Bei Westerland greifen die Wellen die Vordünen an. An der Südspitze bei Hörnum beträgt der Landverlust nach jeder Sturmflut bis zu 50 Meter.

Nur mit schwerem Gerät lässt sich der Landverlust in Grenzen halten.

Wie sehr die Nordsee seit Jahrhunderten an der Insel nagt, zeigt sich besonders gut in Wenningstedt, das vor 1000 Jahren noch zwei Kilometer weiter westlich lag. Damals galt der Ort als größter Hafen der Insel. Bei der „Groten Mandränke" 1362, die auch das sagenhafte Rungholt vernichtete, wurden Ort und Hafen von den Wellen verschluckt. Auch heute bedeutet jede Sturmflut Gefahr.

Als Schutzmaßnahme gegen den Landraub durch den Blanken Hans wurden daher im 19. Jahrhundert erste Holzpfahlbuhnen rechtwinklig zur Küste in die See gebaut, später durch Anlagen aus Metall und Beton abgelöst. Die Maßnahme war jedoch kontraproduktiv: Die Buhnen, beliebt als Balancestrecken, erzeugten einen kreisförmigen Neerstrom – was sich in Luv ablagerte, wurde durch die Quererosion in Lee, also auf der windabgewandten Seite, wieder fortgetragen. Mit großem Aufwand wurden die Buhnen schließlich abgetragen. Damit verschwand auch der berühmte Treffpunkt der In-People: Buhne 16, Namensgeberin des gleichnamigen FKK-Strandes und Hotspot der Surfer-Szene.

LAUTER GESCHEITERTE VERSUCHE

Neuer Hoffnungsträger im Küstenschutz wurden in den 1960er-Jahren in Frankreich entwickelte Betonelemente, die – am Fuß der Dünen am Strand verlegt – bei Sturm als Wellenbrecher dienen sollten: Tetrapoden. Doch auch ihnen gelang es nicht, die Meeresgewalt zu stoppen. Mit bis zu sechs Tonnen Gewicht waren sie schlicht zu schwer für den Sylter Strand und versanken langsam im Sand. Mitte 2005 wurden die Vierfüßler aus Beton daher wieder entfernt, beispielsweise am Hörnumer Weststrand.

Starre Bauwerke, so zeigen die Erfahrungen, sind aufgrund der hohen Wellenenergie zum Schutz von Sylt nicht geeignet. Die wirksamste Maßnahme ist zugleich die teuerste: flexible Sandvorspülungen. Seit den 1980er-Jahren pumpt eine dänische Firma mit Saugbaggerschiffen, sogenannten Hopperbaggern, aus 15 Meter Tiefe Millionen Tonnen Sand und verteilt ihn mit Bulldozern vor der Westküste. Bei der nächsten Sturmflut wird nur der vorgespülte Sand geraubt, nicht jedoch die eigentliche Küstenlinie Sylts verändert. Mehrere Millionen Euro kostet diese Aktion jedes Jahr: Im Winter wird der Sand mit Baggerschiffen aus der Fahrrinne zum Fähranleger Wittdün entnommen und mit vielen Spülleitungen vor der Süd- und Westküste der Insel verteilt – 2014/2015 wurden beispielsweise 1,3 Millionen Kubikmeter Sand vor Sylt aufgespült. Nahezu 48 Millionen Kubikmeter Sand wurden seit 1972 insgesamt aus dem Meer gesaugt, aufgeschüttet – und wieder weggewa-

Sturmfluten – für Urlauber ein faszinierendes Erlebnis, für Küstenschützer ein teurer Spaß (oben).

Nicht immer ist das Meer am Roten Kliff so friedlich (links).

schen. Fast 150 Millionen Euro sind auf diesem Weg versandet: Das ist Sisyphus à la Sylt.

KEINE RETTUNG IN SICHT?

Dennoch scheint die Insel langfristig kaum zu retten. Dabei ist sie doch so wichtig als die Meeresgewalt mildernder „Wellenbrecher" vor dem Festland. Bereits 2050 werde Sylt in zwei Teile, im Jahr 3000 sogar in fünf Inseln zerfallen sein, sagen Wissenschaftler voraus. Verschärft wird das Problem durch den Klimawandel. Er sorgt häufiger für Stürme und Sturmfluten und lässt den Meeresspiegel steigen. Bis zum Jahr 2100 werde die Nordsee, so fürchten die Forscher, um mindestens 50 Zentimeter höher stehen als heute. Schon jetzt wirkt sich das Szenario auf die Versicherung von Immobilien auf der Insel aus. Berühmt ist in diesem Zusammenhang das Haus Kliffende. Das reetgedeckte Anwesen, in dem Thomas Mann 1927 noch 50 Meter vom Strand entfernt nächtigte, stand nach einem Sturm 1999 direkt an der Kliffkante. Freigespült wurde beim Sturm auch Deutschlands erstes privates Küstenschutzprojekt: mit Sand gefüllte Polyester-Säcke, von der damaligen Hauseigentümerin Deutsche Bank als künstliche Düne und Barriere unterhalb des Kliffs gegen das Meer angelegt. Aber auch die Geotextilien verloren den Kampf gegen den Blanken Hans. Trotz der hohen Kosten hat sich inzwischen Föhr als zweite Insel für Sandaufspülungen entschieden.

Zum Weiterlesen

Werner Matthiesen, *Sylt – 700 Jahre Kampf der Friesen gegen den „Blanken Hans"* (Husum Verlag).

Maßstab 1:60.000
0
1km
Westerland
Sylt Aquarium
Flughafen Sylt
Rundflüge
Fallschirmspringen
Segelfliegen
Flugschule
Munkmarsch
Keitum
Altfriesisches Haus
Heimatmuseum
Nielsens Kaffeegarten
Tinnum
Tinnumburg
Gemeinde SYLT
Morsum Kliff
Munkhoog
Markmannshooger
Nösse
Golfclub Morsum
Großmorsum
Morsum
Archsum
Museum-Hus
Obstbaum-Lehrpfad
Osterende
Holerem
Schellinghöm
Firstklent
Hiligenört
Morsum Odde
Schutzstation Wattenmeer
Große Sandinsel
Kleine Sandinsel
NSG
Rantumbecken
Holsteinisches
Schutzzone I
Wattenmeer
(UNESCO-Weltnaturerbe)
Rantumlohe
Eidumtief
NORDSEE
Drachenfluggebiet
Hundestrand
Strandsauna
Rantum Nord
Rantum
Burgberg
Vogelkoje
Kleiner Fli
Großer Fli
Rantumer Dünen
Sylt
Möskental
Hörnumer Nehrung
Großes Tal
Golfclub Budersand
Hörnum
Weiße Düne
Hörnum Odde
Hörnumloch
Achtung Baden lebensgefährlich!
Betreten des Naturschutzgebietes nur mit Führung möglich
1
2
3
4

SYLTS SONNENSEITEN

Auch der Süden und der Osten Sylts bieten Kontraste. Nur wenige Kilometer trennen die Inselmetropole Westerland mit Boutiquen, Bars und Nachtleben vom romantischen Dorf Keitum, den Jetset an der „Sansibar" von der vielgestaltigen Vogelwelt des Rantumbeckens und der sandigen Urgewalt an der Hörnumer Odde.

1 Westerland

Der Aufstieg Westerlands (9032 Einw.) zur quirligen Inselmetropole begann 1855 mit der Eröffnung des Seebads. 1905 erhielt das damals mondänste Bad der Nordseeküste Stadtrecht. Seit den 1970er-Jahren dominieren Apartmentblöcke und Kuranlagen statt Stadtvillen und Friesenhäusern die einzige Stadt Sylts.

SEHENSWERT
Giftgrün begrüßen seit 2001 vier **Reisende Riesen** des Kieler Künstlers Martin Wolke die Besucher am Bahnhofsvorplatz. Vorbei am Wahrzeichen Wilhelmine führt die Flaniermeile **Friedrichstraße** zum Strand. Zentrum des alten Westerland ist die **St.-Niels-Kirche** (1635) mit gotischem Schnitzaltar (15. Jh.) und Kanzel von 1751. Auf dem **Friedhof** ruht neben dem Walfänger-Kapitän Lorenz Petersen de Hahn die Rantumerin Merret Lassen. Ertrunkene wurden dagegen in den Dünen vergraben, bis 1854 der Friedhof der Heimatlosen angelegt wurde (Ecke Käpt'n-Christiansen-Straße/Elisabethstraße).

MUSEUM
Fische aus der Nordsee und den tropischen Meeren tummeln sich im **Sylt-Aquarium** – durch die Unterwasserlandschaften „Korallenwelt" und „Helgoland" führen Tunnel (Gaard 33, Tel. 04651 836 25 22, www.syltaquarium.de; tgl. 10.00–18.00 Uhr).

AKTIVITÄTEN
Das **Erlebnisbad Sylter Welle** lockt mit Meerwasserwellen und vielerlei Angeboten auch den Nachwuchs (Strandstraße 33, Tel. 04651 99 80, www.sylterwelle.de; tgl. 10.00 bis 22.00 Uhr). Viele der 220 km langen Strecken des **Nordic Walking Park Sylt** verlaufen rund um Westerland. Die Heilkräfte des Meeres nutzen die Thalasso-Anwendungen im 4500 m² großen **Syltness Center** (Dr.-Nicolas-Straße 3, Tel. 04651 99 81 12, www.syltnesscenter.de).

NACHTLEBEN
Im historischen **Rathaus** (1897) lädt die kleinste **Spielbank** Deutschlands zu American Roulette, Blackjack und Poker (Andreas-Nielsen-Straße 1, Tel. 04651 23 04 50, https://www.casino-sh.de). An Strand- und Friedrichstraße reihen sich **Clubs** und **Diskotheken**, aber auch gemütliche Restaurants.

VERANSTALTUNGEN
Die Jahreshöhepunkte **Deutscher Windsurf Cup TOPZIEL** (Juli) und **World Cup Sylt** (Ende Sept./Anf. Okt.) sowie **Weihnachtsbaden** (26. Dez.) zeigen sich meerverbunden.

INFORMATION
Tourismus-Service, Strandstraße 35, 25980 Sylt (Westerland), Tel. 04651 99 80, www.insel-sylt.de/westerland

> **Tipp**
>
> ### Individuelle Souvenirs
>
> Keitum ist das Dorf der Kunsthandwerker: Antje Ballauf, Birgit Damer, Christoph Freier, Till Bruttel, Anka Weber, Margit Werner-Book, Birte Wieda und andere fertigen aus Ton, Silber oder Stoff in ihren Werkstätten Unikate, unverwechselbar wie die Insel, die sie inspirierte. Glaskunst zeigt Antje Otto im alten Keitumer Bahnhof.
>
> **INFORMATION**
> https://www.sylt.de/entdecken/typisch-sylt/natuerlich-sylt-sylter-unikate.html

2 Keitum

Das schönste Friesendorf (ca. 927 Einw.) der Insel, in dem Kapitäne und Walfänger niedrige Reetdachhäuser aus Backstein errichteten, ist fast autofrei. Hüfthohe Friesenwälle aus bemoosten Findlingen umrahmen blühende Gärten, Pferdekutschen klappern über Alleen: ein 800-jähriges romantisches Idyll, das seinen Preis hat.

SEHENSWERT
Auf einem Hügel nördl. des **Ortskerns TOPZIEL** erhebt sich seit dem 13. Jh. auf einem einstigen germanischen Kultplatz die **Kirche St. Severin** (Sandstein-Taufstein 13. Jh., Renaissance-Kanzel um 1580). Ihr 26 m hoher Glockenturm diente Seefahrern als Landmarke, außerdem 200 Jahre lang als Inselgefängnis. Der jungsteinzeitliche Grabhügel **Tipkenhoog** bietet eine fantastische Fernsicht. Daneben liegt der vom Flughafen hierher versetzte **Harhoog**, ein Steinkreis mit Grabkammer (um 2500 v. Chr.). Deutschlands **nördlichsten Weinberg** hat das Rheingau-Weingut Balthasar Ress in Keitum angelegt. Auf dem Rebenhain wachsen die frühreifen Sorten Solaris und Rivaner (www.balthasar-ress.de).

Der Hindenburgdamm erschließt Sylt.

MUSEEN
Der **Heimatverein Söl'ring Foriining** – Söl ist das friesische Wort für Sylt – kümmert sich um Küsten- und Landschaftsschutz sowie um den Erhalt friesischen Kulturguts. Er betreut das Sylter Heimatmuseum und das Altfriesische Haus, den Wennigstedter Denghoog und die Kampener Vogelkoje (http://soelring-museen.de). Inselgeschichte bis 1850 und Sylts große Männer, Uwe-Jens Lornsen (1793–1838) und Magnus Weidemann (Maler und Fotograf, 1880–1967), präsentiert das **Sylt-Museum** (Am Kliff 19, Tel. 04651 316 69; Ostern–Okt. Mo.–Fr. 10.00–17.00, Sa., So., Fei. 11.00–17.00, sonst Do.–So. 11.00–15.00 Uhr). Im **Altfriesischen Haus** (1739), urspr. Heim des 1879 verstorbenen Inselchronisten Christian Peter Hansen, lassen sich Mobiliar und Hausrat aus

früheren Zeiten betrachten (Am Kliff 13, Tel. 04651 311 01; Öffnungszeiten wie Sylt-Museum). Im **Spritzenhaus** dokumentiert das kleinste Sylter Museum die örtliche Brandbekämpfung (C.-P.-Hansen-Allee; April–Okt. Di. 10.30–13.00 Uhr, Eintritt frei).

AKTIVITÄTEN
Kutschfahrten durch Keitum und Umgebung bietet Matthias Tölke (Tel. 0175 207 43 00) an, **Ausritte** durch die Wiesen und am Strand die Reitschule Grünhof (Süderstraße 80, Tel. 04651 312 08, www.gruenhofsylt.de).
Einer der schönsten **Wanderwege** der ganzen Insel führt vom Keitumer Kliffweg nach Kampen. Wellnessfans verwöhnt das **Syltness Center** mit seinem Day Spa Keitum (Gurtstieg 23, Tel. 04651 99 81 15, www.syltnesscenter.de/service/day-spa-keitum; Termine nach Vereinbarung).

EINKAUFEN
Im **Hofladen** des Klöwenhoog bekommen Interessierte Käse aus der Region, Marmeladen und andere Köstlichkeiten (Hof Klöwenhoog, Siidik 6, Tel. 04651 326 60). Das **Kontorhaus Keitum** (Siidik 15, Tel. 04651 449 92 90, www.kontorhauskeitum.de) bietet Teekultur und -genuss vom Feinsten, ein modernes Gästehaus und diverse kulturelle Veranstaltungen.

VERANSTALTUNGEN
Immer mittwochs erklingen **Orgelkonzerte** in St. Severin (20.15 Uhr). Seit 1920 findet jedes Jahr im Juli das berühmte **Keitumer Ringreiten** statt.

UMGEBUNG
Mit Supermärkten, Autohäusern und Möbelgeschäften zeigt sich **Tinnum** für viele als „Industrievorort" Westerlands. Doch südlich der Schienen liegt ein dörfliches Tinnum mit begrünten Gassen um die Alte Landvogtei (1649). Der 8 m hohe Wall der Tinnum-Burg wurde um Christi Geburt angelegt – und ist heute beim Biikebrennen beliebter Aussichtspunkt. Familien lieben den **Tierpark** (Ringweg 100, Tel. 04651 326 01, www.syltmail.de/tierpark_tinnum, April–Okt. tgl. 10.00–19.00 Uhr). Von 1860 bis zum Bau des Hindenburgdamms 1927 war **Munkmarsch** der wichtigste Hafen der Insel. Heute lädt das **Fährhaus** in der Käpt'n Selmer-Stube zu friesischer Küche am alten Kachelofen; im Mara Sand schweift der Blick zum Dreigängemenü über das Wattenmeer (Heefwai 1, Tel. 04651 93 970, https://faehrhaus-sylt.de).

Ältestes Gotteshaus auf Sylt: St. Martin in Morsum (oben); Geologie zum Anfassen am Morsum-Kliff (rechts oben); Strand von Hörnum (rechts unten)

INFORMATION
Tourist-Information Keitum, Gurtstig 23, 25980 Sylt/Keitum, Tel. 04751 99 80, www.insel-sylt.de

❸ Morsum

Der nach dem Hindenburgdamm erste Ort (1100 Einw.) auf der Insel ist zugleich ihr ursprünglichster. Noch vor 100 Jahren sprachen die meisten Bewohner der bereits im 9. Jh. entstandenen Siedlung nur Friesisch, und bis heute erscheinen die Straßennamen weitgehend in dieser Sprache – beispielsweise Dikwai für Deichweg oder Serkwai für Kirchweg.

SEHENSWERT
Wahrzeichen Morsums ist das alte **Eisboot** am Ortseingang, mit dem bis 1923 die Post vom Festland transportiert wurde. **St. Martin** (1190) mit meterdicken Mauern und frei stehendem Glockenturm ist das älteste Sylter Gotteshaus.

UMGEBUNG
Geologisch einmalig ist das **Morsum-Kliff**, wo Sylt seine Entstehungsgeschichte in der Eiszeit preisgibt. **Archsum** (300 Einw.), kleinster und ruhigster Ort der Insel, lädt zu Spaziergängen auf dem 1937 erbauten Nösse-Deich ein. Im Zentrum wurden Reste einer Siedlung freigelegt, die vor 2000 Jahren in einem 8 m hohen und 70 m breiten Ringwall angelegt war.

INFORMATION
Tourist-Information, Bii Miren 17, 25980 Sylt/Morsum, Tel. 04651 89 07 32, www.insel-sylt.de/morsum

❹ Rantum

Nur 600 m trennen in Rantum Nordsee und Wattenmeer. Der Ort an der schmalsten Stelle der Insel war oftmals Opfer der Naturgewalten. Äcker wurden von der See, durch Sandstürme und Wanderdünen zerstört, nach 1100 war das Dorf (500 Einw.) dreimal unter Sandmassen begraben. Heute gilt das einstige Armenhaus der Insel mit Reetdachhäusern und angesagten Lokalen als „Klein-Kampen".

SEHENSWERT
Aus 650 m Tiefe fördert die **Sylt-Quelle** (Hafenstraße 1, www.sylt-quelle.de) seit 1993 ihr Mineralwasser. Das Abfüllwerk ist zugleich das größte Kulturzentrum der Insel: Als **kunst:raum** (www.krsq.de) unterhält es mit Lesungen und Konzerten. Im Juli und Aug. gastiert das **Meerkabarett** (www.meerkabarett.de).

MUSEUM
Eine Einführung in die Sylter Natur bietet die **Schutzstation Wattenmeer** (ADS-Schullandheim, Am Torbogen 7, Tel. 04651 92 61 70, www.schutzstation-wattenmeer.de/unsere-stationen/rantum-sylt; Zeiten und Veranstaltungen s. Terminkalender der Webseite).

NOCH VOR 100 JAHREN SPRACHEN DIE MEISTEN BEWOHNER DES BEREITS IM 9. JH. ENTSTANDENEN ORTES MORSUM NUR FRIESISCH.

Tipp

Hütte in den Dünen

Wer nicht im Sansibar war, war nicht auf Sylt – so heißt es. In Herbert Seckers „Hütte in den Dünen" 3 km südl. von Rantum trifft man sich, nippt an einem der 1400 Tropfen aus dem größten Weinkeller der Insel und stärkt sich bei Currywurst, Kaiserschmarrn oder Kaviar (s. auch S. 64).

INFORMATION
Restaurant Sansibar, Tel. 04651 96 46 46, www.sansibar.de; Hauptstraße nach Hörnum/Strandübergang Sansibar

AKTIVITÄTEN
Per Rad oder zu Fuß lässt sich auf dem 9 km langen Deich das **Rantumbecken** umrunden. Das 1962 eingerichtete Vogelschutzgebiet entstand 1937 durch die Eindeichung von 568 ha der Steidumbucht als Wasserflughafen. Touren bietet der Verein Jordsand an (Tel. 04651 58 12, www.jordsand.de; April–Okt., s. Webseite). Eine beliebte **Wattwanderung** führt von Rantum nach Hörnum (Infos bei der Tourist-Information).

UMGEBUNG
Die **Eidumer Vogelkoje** nordw. des Rantumbeckens diente dem Entenfang; Führungen veranstaltet der Verein Jordsand (s. oben).

INFORMATION
Tourist-Information, Strandweg 7, 25980 Sylt (Rantum), Tel. 04651 80 70, www.insel-sylt.de/rantum

5 Hörnum

Südlichster und jüngster Ort der Insel ist der Hafen Hörnum, dreiseitig vom Meer umgeben, das die Insel ständig schrumpfen lässt. Jahrzehntelang dominierte Familienurlaub die um 1425 gegründete, knapp 850 Einwohner große Gemeinde. Seit Abzug der Bundeswehr 1994 wird in den Luxustourismus investiert.

SEHENSWERT
St. Thomas, Schleswig-Holsteins jüngste denkmalgeschützte Kirche (1970), zeigt ein Modell des Raddampfers „Cobra". Der gusseiserne **Leuchtturm** (1907) barg 1914–1933 Deutschlands kleinste Schule – heute können sich hier Heiratswillige trauen lassen (Führungen Mo., Mi., Do., Fr. 9.30, 10.30, 11.30 Uhr, Trauungen Ostern–Okt. Fr. und Mo. Nachmittag).

AKTIVITÄTEN
Im Rahmen von **Wanderungen** umrundet man die **Hörnumer Odde TOPZIEL**, die Südspitze Sylts – auf eigene Faust oder mit der Schutzstation Wattenmeer (s. linke Seite). **Katamaran-Schnuppersegelkurse** bietet der Sylter Catamaran Club (www.sylter-catamaran-club.de). Auf dem ehem. Gelände der Pidder-Lüng-Kaserne lockt das Fünf-Sterne-Haus „Budersand Hotel" mit Spa und **18-Loch-Golfplatz** (www.budersand.de). **Wattwanderungen** verbinden Sylt mit Amrum (Infos beim Tourismus-Service). **Schiffstouren** führen nach Helgoland, Amrum, Föhr, zu den Halligen und den Seehundsbänken (www.adler-schiffe.de, s. S. 116).

VERANSTALTUNGEN
Der **Inselmarathon Sylt-Lauf** führt von Hörnum nach List (Frühjahr). Die **Hafentage** Ende Juni sind so unterhaltsam wie das Musiktheater im **Hörnumer Theatersommer** Ende Juli.

INFORMATION
Tourismus-Service, Rantumer Straße 20, 25997 Hörnum/Sylt, Tel. 04651 9 62 60, www.hoernum.de

JA NATÜR LICH

ZOTTELN MIT ZIEGEN

Mit flottem Sprung sind sie aus dem Wagen gehüpft: lauter Ziegen. Tinki ist eine Thüringer Waldziege mit kurzem schokobraunem Fell, weißen Beinen, hellen Stehohren und einem weißen Streifen, der sich über die Augen bis zum Maul sieht. Almathea und Heidrun sind reinrassige dänische Landziegen. Eine Bunte Deutsche Edelziege folgt. Und dann kommt Elva. Der kastrierte Bock scheint sich bewusst zu sein, dass er anders ist. Denn Elva ist wie Lactoli eine echte Kaschmirziege mit cremefarbenem, grobem Oberhaar und sehr feinem, weichem Flaumhaar darunter.

Mit dieser bunt gemischten Herde zieht Matthias Jacobsen mit Gästen über die Insel. Diesmal geht es durch das Naturschutzgebiet Baakdeel nördlich und südlich von Rantum. An anderen Tagen wandert er mit den Ziegen durch die Keitumer Heide oder zum Strand. Am Brandungssaum halten sich die wasserscheuen Tiere dicht an Jacobsen, werden aber reichlich bestaunt von Strandläufern und Spaziergängern.

Gemecker gibt es bei den Touren mit Jacobsen nur aufseiten der Vierbeiner …

In seinem alten Leben war Jacobsen Hausmeister des Sylt-Museums. Heute ist er ein zertifizierter Natur- und Landschaftsführer und erzählt beim „Zotteln mit Ziegen", was die Landschaften und Botanik auf Sylt so besonders macht. Richtig handfest wird die Begegnung mit den meckernden vierbeinigen Inselbewohnern, wenn die Gäste sie einmal melken dürfen. Und auch beim Striegeln ist voller Körpereinsatz gefragt. Maike Schrader, die mit Matthias gemeinsam die Ziegen-Erlebnisse anbietet, hilft den Tourteilnehmern anschließend beim Spinnen und Färben der Wolle mithilfe selbst gesammelter Kräuter. Dann wird mit ein paar schnell geschlagenen Funken das Lagerfeuer entfacht. Über den Flammen verwandelt sich die Milch in frischen Ziegenkäse, gart das Stockbrot. „Gerade das Einfache bringt ganz großen Spaß", sind Maike und Matthias überzeugt.

Zotteln mit Ziegen: Matthias Jacobsen und Maike Schrader, Steintal 5, 25997 Hörnum, Tel. 0151 50 19 85 46, www.unterwegs-mit-ziegen.de; Di. 14.00–18.00 Uhr, für Fam. mit Kindern ab 6 Jahren, 68 €, Anmeldung erforderl.

Amrum

TRAUMHAFTE STRÄNDE

Wie ein dicker Halbmond liegt sie im Wattenmeer: Amrum, die waldreichste und wohl ursprünglichste Insel der deutschen Nordsee. Als „Geliebte des Blanken Hans“ gibt ihr das Meer, was es anderswo nimmt: feinsten Sand für traumhafte Strände.

Fischer-Ambiente kultivieren Amrums Ferienhäuser in Steenodde.

Der Amrumer Strand von Norddorf ist vor allem bei Familien beliebt, denn am Kniepsand gibt es auch bei Ebbe Wasser in Hülle und Fülle.

Zweiundzwanzig Kilometer – oder 90 Fährminuten – trennen das 30 Quadratkilometer große Eiland vom Festland. Unzählige Sandbänke machten und machen die Seefahrt zum heiklen Unterfangen. 1875 wurde daher bei Süddorf der mit 63 Meter Feuerhöhe höchste Leuchtturm an der deutschen Nordseeküste in Betrieb genommen – eher zum Leidwesen der Insulaner. Sie hatten von den Schiffsunglücken vor ihrer Küste recht einträglich gelebt. Beim „Strandlaufen" brachten sie angeschwemmte Fundstücke vor den staatlichen Strandvögten „in Sicherheit". Mit falschen Leuchtfeuern halfen sie bei mehr als 400 Strandungsfällen vor der Insel hin und wieder ein wenig nach und lenkten die Schiffe in den weiten, der Insel vorgelagerten Kniepsand. Um das Schicksal der Schiffbrüchigen kümmerten sich die Insulaner erst nach 1865, als erste Seenotrettungsboote zum Einsatz kamen. Dennoch blieb das Meer ein gefährlicher Arbeitsplatz.

SPRECHENDE GRABSTEINE

Jeder vierte Amrumer war auf holländischen oder englischen Schiffen beim Walfang oder Robbenschlag vor Grönland dabei – viele kehrten nie zurück. Die Geschichte ihrer Beutezüge ins Polarmeer erzählen „sprechende Grabsteine". Allein 90 stehen auf dem Friedhof der St.-Clemens-Kirche in Nebel. Ein Turban schmückt den Stein von Hark Olufs. Als 16-jähriger Matrose war er von Piraten bei den Scilly Islands entführt und in Algier als Sklave verkauft worden – ein nicht ungewöhnliches Seemannsschicksal in jener Zeit. Bei seinem neuen Herrn, einem Bey im algerischen Constantine, machte er Karriere und stieg zum Schatzmeister und Kommandeur von dessen Leibgarde auf. Als er 1735 als 27-jähriger reicher Mann in seine Heimat zurückkehrte, wollte ihn der dänische König anwerben – er jedoch lehnte ab. Stattdessen wurde Olufs Strandvogt, hatte mit Antje Harken fünf Kinder und starb 1754.

Seit über 200 Jahren arbeitet die Nebeler Windmühle. Sie war über Jahrzehnte zugleich Seezeichen für die Amrumer Schiffer. Im heute musealen Öömrang Hüs hat einer von ihnen seine Schmack, einen Küstensegler, als Fliese verewigt. Lebendig blieb das Brauchtum, zu dessen Pflege das Tragen der Amrumer Tracht gehört.

Das typische Friesenhaus Öömrang Hüs ist heute Heimstatt des Amrumer Heimat- und Kulturvereins und ein Museum zur friesischen Wohnkultur.

UNERKANNTE PROMINENZ

So wie Olufs errichteten auch viele im Goldenen Zeitalter des Walfangs zu Wohlstand gekommenen Kapitäne in Nebel stattliche Friesenhäuser. Weiß getüncht und reetgedeckt, machen sie das „neue Dorf" zum schönsten Ort der Insel. Stockrosen blühen in den Vorgärten, Sprossenfenster und bunt bemalte Haustüren strahlen große Gemütlichkeit aus. Heute zählen diese alten Friesenhäuser zu den begehrtesten Domizilen der Insel. Ihre Nummerierung erhielten sie Ende des 18. Jahrhunderts. Mit Nummer 14 hat sich Peer Schmidt – bekannt als deutsche Stimme von Jean-Paul Belmondo – einen Traum erfüllt, nur ein Stück weiter verbringen die Sängerin Katja Ebstein und der Quizmaster Jörg Pilawa ihre Ferien.

Die Aufkäufe von Häusern sorgen heute auch auf Amrum für Probleme, wie sie von Föhr und Sylt bekannt sind. Einheimische können sich immer seltener ein Eigenheim auf der Insel leisten. 2017 schlug Nebel sogar Kampen: Mehr Zweitwohnsitze als im am stärksten herausgeputzten Inseldorf gibt es nirgendwo in Nordfriesland. Im Winter bleibt so manche Gasse unbeleuchtet, sind Fensterläden und Carports verrammelt. Der große Unterschied: Wer nach Amrum fährt, will kein Chichi, keinen Rummel, will nicht gesehen werden, sondern unerkannt entspannen, auftanken, sich erholen, in aller Ruhe. Selbst zu Silvester geht es daher still zu: Amrum feiert den Jahreswechsel ohne Böller.

PASTOREN ALS BÄDERGRÜNDER

Auf Amrum entwickelte sich der Tourismus später als an anderen deutschen Küsten – und unter anderen Vorzeichen: Als in den 1880er-Jahren die ersten Vorschläge für die Anlage von Seebädern auftauchten, wandte sich der damalige Inselpastor Wilhelm Tamsen an die Innere Mission und bat, den rundum augenfälligen Verfall der Sitten durch die Einrichtung eines christlichen Seehospizes für Erholungsbedürftige auf

Das Norddorfer „Hotel Hüttmann“ sorgt noch immer gut für das Wohl seiner Gäste.

Das Naturzentrum Norddorf sorgt für Durchblick.

Amrum ist eine relativ stille Insel: Hauptstraßenverkehr in Nebel.

Menschen

Special

Amrumer Originale

Er ist ein echter Amrumer Junge: Schon als kleiner Knirps durchstreifte Georg Quedens die Dünen, um Möweneier zu sammeln. Später fing er Wildkaninchen, angelte Schollen, betätigte sich als Strandräuber – und entdeckte seine Liebe zur Natur.

Quedens beobachtete und fotografierte sie, veröffentlichte seine Bilder und Beobachtungen, Histörchen und historischen Fundstücke in mehr als 100 Natur-, Biologie- und Geschichtsbüchern und diversen Bildbänden. Als „Mr. Nordsee" wurde er zum bekanntesten und beliebtesten Chronisten Nordfrieslands – und 2004 für seine ehrenamtlichen kulturellen Leistungen mit dem Hans-Mommsen-Preis ausgezeichnet.

Ein Muss bei Amrum-Urlaubern sind die Diavorträge, die der über Achtzigjährige und inzwischen auch immer öfter sein Sohn dreimal pro Woche über die Insel und ihre Umgebung halten. Vor ausverkauftem Saal erzählen die beiden, deren Familie seit 1734 auf Amrum lebt, Inseldönekes und (Strand-)Räuberpistolen. Anderthalb Stunden lang präsentieren sie Dias zu Themen wie „Nordsee ist Mordsee", „Amrums alte Zeiten" oder „Unsere Seevögel". Das Publikum ist hingerissen – ob von den Erzählkünsten des Vaters oder des Sohnes.

Georg Quedens in Aktion

Amrum aufzuhalten. Friedrich von Bodelschwingh reiste daraufhin 1888 auf die Insel und sah noch, wie in Norddorf die Nordseebrandung ungehindert an die Küste schlug – erst 50 Jahre später legte sich der Kniepsand auf seiner Nordwanderung auch vor den Norddorfer Strand. 1890 eröffnete Bodelschwingh das erste Seehospiz. Doch auch Norddorf blieb von sündhaftem Treiben nicht verschont: Hüttmanns nur zwei Jahre später eröffnetes Hotel besaß Theke und Tanzsaal. Welch eine Verlockung für Erholungssuchende, die bis heute dort Badegäste – und nicht Touristen – heißen!

Anders verlief die Entwicklung in Wittdün auf Amrum. Der jüngste Inselort ist ab 1889 buchstäblich aus dem weißen Sand erwachsen. „Weiße Düne" hieß daher auch das erste Hotel, das der Amrumer Kapitän Volkert Martin Quedens an der bis dahin noch unbebauten Südostspitze der Insel errichtete. Auf der Strandpromenade lustwandelten Damen in Rüschenkleidern und Hüten mit riesigen Rändern, während die Herren zum Gruß ihre „Prinz-Heinrich-Mützen" lüpften. Villen und Logierhäuser entstanden, eine Strandhalle thronte sturmflutsicher auf hohen Pfählen, und am Strand unterhielt eine Blaskapelle die Gäste. Zu den gezeitenunabhängigen Badeanlagen am Kniep ratterte eine Insel-

Langsam sinken die Füße in den kühlen, nassen Sand: Wattwanderer auf dem Weg nach Föhr.

Mitten in den Amrumer Dünen steht bei Norddorf das kleinere Quermarkenfeuer.

Der Amrumer Leuchturm bei Süddorf ist nicht nur der älteste an der deutschen Nordseeküste, sondern ragt auch am höchsten auf.

In Amrums Dünenwelt ist man auf dem Holzweg richtig.

bahn. Doch der Aufschwung als Badeort währte nur kurz: Nach zwei verregneten Sommern musste die Aktiengesellschaft Wittdün-Amrum Konkurs anmelden. Die Wittdüner verarmten, denn es gab keine alternativen Erwerbsmöglichkeiten zum Badebetrieb – Landwirtschaft ist nur auf einer Fläche von 120 Hektar im Osten der Insel möglich.

EINE INSEL WIE EIN KONTINENT

Brennholzbeschaffungsmaßnahmen bescherten „Oomram", wie es auf Friesisch heißt, nach dem Zweiten Weltkrieg eine umfangreiche Aufforstung. Mit 200 Hektar wurde Amrum zur waldreichsten deutschen Nordseeinsel – und einem Eiland, das auf engem Raum die Naturlandschaften Nordfrieslands präsentiert: Salzwiesen und Watt im Osten, Pferdekoppeln und Feldmark im Norden, den breitesten Sandstrand Europas und Wanderdünen im Westen. Als sanft gewellter Kranz, der sich zwischen der Vogelkoje und Nebel-Westerheide bis zu 32 Meter hoch aufschwingt, säumen sie den gesamten Strand. Entstanden sind sie jedoch erst im 12. Jahrhundert, als sich wohl wegen des niedrigeren Meeresspiegels mehr und mehr Sand aus der Nordsee auf der Insel anzuhäufen begann. Der Seesand wanderte über die halbe Insel und begrub alles, was im Weg lag – die Grabkammern aus mächtigen Findlingen, die Hügelgräber der Bronzezeit und die Wohnplätze der Wikinger. Erst die gezielte Bepflanzung mit Strandhafer und anderen Pionierpflanzen konnte den Sandflug eindämmen. Urlandschaft der Insel ist jedoch die Heide, die im August in leuchtendem Rosa und Lila die Braundünen bedeckt.

Die einzigartige Schönheit der Insel lockte immer wieder auch Filmemacher an. 2008 entstand am Amrumer Strand die Teenager-Romanze „Sommer" mit Jimi Blue Ochsenknecht, 2009 drehte Roman Polanski mit Pierce Brosnan auf Amrum Szenen von „The Ghostwriter".

WER HIERHER FÄHRT, WILL UNERKANNT ENTSPANNEN, IN RUHE.

HIER TANZEN NUR DIE FRAUEN

Heimatverbunden geht es bei der Amrumer Trachtengruppe zu, wenngleich auch Polka, Walzer und selbst Square Dance zu den mehr als 200 Tänzen des Repertoires gehören. Seit 35 Jahren begeistert die hiesige Trachtengruppe bei zahlreichen öffentlichen Veranstaltungen ihre Zuschauer. Gekleidet sind die tanzfreudigen Inselfrauen und ihre Leiterin Marret Dethlefsen dabei natürlich in die typische Amrumer Tracht.

Die Wurzeln der Friesentracht liegen im fernen Portugal: Erst um 1800 wurde die heutige Tracht von den seefahrenden Männern mitgebracht. Auffällig ist der Brustschmuck – in der Mitte ist die Gliederkette mit den Symbolen Kreuz, Herz und Anker verziert: Glaube, Liebe, Hoffnung. Die heute weiße Schürze war im 19. Jahrhundert noch genauso schwarz wie das Mieder, das Dreiecktuch und der in 60 Falten gelegte Rock. Ob eine Frau noch zu haben war, verriet ein Blick unter das bestickte Kopftuch – war dort ein rotes Häubchen zu sehen, war die Friesin bereits verheiratet. Bis heute wird die Tracht zu feierlichen Anlässen getragen, doch nur von den Frauen. Eine Männertracht gibt es nicht. Als die Trachtengruppe einmal eine erfand, war sie den Männern nach jedem Winter wieder zu eng – so wird jedenfalls kolportiert. Und deshalb tanzen auf den Inseln auch nur die Frauen.

Lieblingsplätze im Freien

SONNE, SALZ UND WIND IM HAAR

Ob mit einem Cappuccino, einem Cocktail oder einfach nur einer traumhaften Aussicht – Places to be gibt es auf den Nordfriesischen Inseln nicht zu knapp. Wir haben im Folgenden unsere zehn Favoriten zusammengestellt.

1 Restaurant Sansibar

Abends weisen Solarleuchten den Weg, erhellt Fackelschein die Tische und Mondlicht die Dünen: Die „Sansibar" von Herbert Seckler südlich von Rantum ist seit Jahrzehnten nicht nur der In-Treff auf Sylt, sondern einer der romantischsten Orte der Insel. Bis spätnachts genießt man in den Dünen das Dolce Vita, kostet einen der 1400 Tropfen aus dem größten Weinkeller der Insel und stärkt sich bei Kaiserschmarrn oder Kaviar, Seezunge, Scholle oder Scampi.

Restaurant Sansibar, Hörnumer Straße 80, Rantum, Tel. 04651 96 46 46, www.sansibar.de; tgl. ab 10.30 Uhr (mittags auch ohne Reservierung)

2 Uwe-Düne

Eine Holztreppe mit 110 Stufen führt seit fast 100 Jahren hinauf auf Sylts höchste Spitze: Von der 52,5 m hohen Uwe-Düne, die nur 300 m vom Roten Kliff aufragt, schweift der Blick weit über den Sylter Norden bis hin zur dänischen Nachbarinsel Rømø. Mit dem Münzfernglas auf dem Gipfel kann man – das behaupten jedenfalls die Kampener Kinder – sogar bis nach England gucken! Benannt wurde die eindrucksvolle Düne nach dem Sylter Uwe Jens Lornsen (1793–1838), der im brasilianischen Exil die Unions-Verfassung Dänemarks und Schleswig-Holsteins schrieb, ehe er sich 1838 am Genfer See das Leben nahm.

3 L.A. Sylt

In den berühmten Sylter Strandbars trifft sich die Szene: Hier, im „L. A. Sylt", wie sich die Lister Austernperle nennt, entspannt man fernab vom Schickimicki, genießt gute, grundsolide Küche und feine Drinks zu fairen Preisen. Von der Veranda der Strandbar schweift der Blick über den Oststrand und von den Körben weit über die Wattseite von Sylt.

L. A. Sylt, Mannemorsumtal, List, Strandpromenade zwischen Hafen und Oststrand, Tel. 04651 299 93 96; tgl. ab 10.30 Uhr

4 Kniepsandhausen

Während in Norddorf und Nebel Strandkörbe am Strand stehen, ist der Kniepsand bei Wittdün ein Robinson-Crusoe-Strand, auf dem alljährlich im Sommer Kniepsandhausen entsteht, eine Sommersiedlung aus Treibholz und anderen Fundstücken. Ihr Bau beginnt im Juni, Ende August wird das Baumaterial im Sand vergraben und markiert bis zum nächsten Sommer. Die Bewohner sind eine eingeschworene Gemeinschaft – und wählen sogar einen Bürgermeister. Die Geschichte der Strandhütten hat Birgit Peters in ihrem Buch „Kniepsandgeschichten" verewigt.

5 Strand 33

Bis nach Sylt reicht der Blick von der Terrasse des Restaurants „Strand 33", deren unterer Bereich als Lounge gestaltet ist. Zur grundsoliden internationalen Küche servieren die Inhaber besonders gern Weine aus ihrem Lieblingsland Südafrika. Und das in ganz besonderen Gläsern: Bei Wein und Wasser erhalten weibliche Gäste rosa getönte, männliche Gäste grüne Gläser.

Restaurants Strand 33, Strunwai 33, Norddorf auf Amrum, Tel. 04682 96 15 55, www.strand33.de

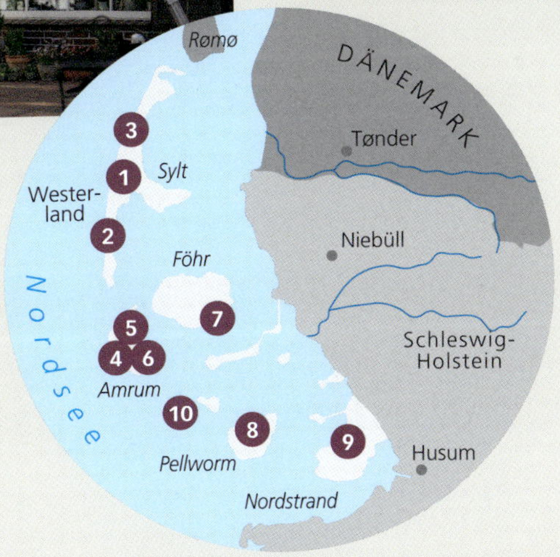

6 Strandpirat Amrum

Einige Fahrradminuten von Nebel entfernt, versteckt sich in den Dünen der „Strandpirat" von Meike und Sven Richter. Am Kiosk gibt es Coffee & Pommes to go, auf der Terrasse „Seemannsgarn" (Nudeln), „Große Beute aus dem Meer" (Bootsmann-Pannfisch, Nordseekrabben, Heringe) und den „Kapitänsteller", auf dem sich eine Riesengarnele zu Schwein, Rind und Pute gesellt.

Strandpirat, Strunwai 44, Nebel auf Amrum, Tel. 04682 96 81 20, www.strandpirat-amrum.de

7 Schapers

Eigentlich ist „Schapers" eine Windsurf- und Wassersportschule mit kleinem Bistro. Doch es ist längst auch bei Nichtsurfern Kult. Denn freitags und samstags wird am Südstrand gerockt! Von 19.00 bis 22.00 Uhr gibt es Livemusik zu Bratwurst vom Grill und köstlichen Cocktails, gemixt und genossen mit den Füßen im Sand. Die Songs der Bands, die bereits auf den legendären Beach Partys performten, gibt es auf CD auf www.newtone.de oder direkt an der Theke.

Schapers, Promenade 20, Wyk auf Föhr, Tel. 04681 58 00 87, www.schapers.net

8 Café Anticus

Nicht am Strand, sondern in einem charmanten Innenhof verwöhnt auf Pellworm das „Café Anticus" seine Gäste mit außergewöhnlichen Torten wie Holunderblütentarte, Balsamico-Schokoladentarte und Champagnertorte mit Äpfeln. Sollte es einmal tröpfeln, wird im nostalgischen Ambiente der guten Stube serviert. Immer im Angebot sind gluten- und oft auch laktosefreie Kreationen. Unsere Empfehlung: der Orangen-Mandelkuchen!

Café Anticus, Norder-mitteldeich 61, Pellworm, Tel. 04844 990 51 64, http://cafe-pellworm.de

9 Pharisäerhof

Im altfriesischen Strohdachhaus im Elisabeth-Sophien-Koog wurde das unangefochtene Lieblingsgetränk der Nordstrander, der Pharisäer, erfunden. Und bis heute schmeckt er nirgendwo so gut wie hier – im Sommer im gemütlichen Kaffeegarten mit Blick auf dickes Reet und blühende Rosen. Bis heute ist der „Pharisäerhof" nicht nur ein Gasthof und Hundehotel, sondern auch ein aktiv bewirtschafteter Bauernhof, der im einstigen Stall einen Hofladen eingerichtet hat.

Pharisäerhof, Elisabeth-Sophien-Koog 3, Nordstrand, Tel. 04842 353, https://pharisaeerhof.de

10 Sandbank-Picknick

In meiner Jugend ritt ich auf Pferden dorthin, als Erwachsene wurde er mein Lieblingsplatz für ein Sommerpicknick: der Japsand. Sobald die Flut sich zurückzieht, marschiert man hinüber zur riesigen Sandbank, die sich 2 km westlich von Hooge rund 1 m über dem mittleren Tidenhochwasser erhebt. Achtung: Betreten werden darf nur die Nordspitze! Der übrige Teil des Hochsandes, durch eine Pfahlreihe abgetrennt, gehört zur Schutzzone 1 des Nationalparks.

Hörnumloch
Amrumtief
Helgoland (V-X) 4h, Amrum (III-X) 1h
Föhr (III-X) 2h, Hooge (III-X) 1,5h
Mittelloch
Wattwanderweg
Dunsum
Schöpfwerk Föhr-West
Klein-Dunsum
Groß-Dunsum
Süderende
Westerland
Utersum
Ytterssum
Haus des Gastes
Tribergen
REHA-Zentrum
Hedehusum
Monklemb
Sylvert
Witsum
Vogel-schutzgebiet
Nordmannnsgrund
Aad
Ueb'n Aad
NSG
Odde
Seevogelwarte
Ban Remsanj
Schullandheim
Ban Horn
Risum
Naturzentrum
Öömrang Ferian
Strandhalle
Kurheime
Norddorf
Indoor-Spielpl.
"Abenteuerland"
Haus Burg
Ann-lurin
Quermarkenfeuer
Limbrisches Dünendorf
Riesenbett Steingrab
Vogelkoje Meerum
A Hörn
Klöwenhugh
Kanshugh
Bearendeal
Amrum
Makkanhugh
Amrumer
Kattarhugh
Wasserw.
Nebel
Salzwiesen
Amrum Touristik
Öömrang Hüs
Heimatmuseum
Strandhalle
Wester-heide
Kniepsandhalle
Kinderfachklinik
Heeshugh
Kliff
Ual Aanj
Klaffhugh
Esenhugh
Steenodde
Landungsbrücke
NP-Infopavillon
Satteldüne
Süddorf
Strandhaus
Aussichtsdüne
Dünen
Großdün
Gusskalk
ehem. Vogelkoje
Leuchtturm mit Aussichtsplattform
Großdüne
Kniepsand
FKK
Fam.-Campingplatz
Amrum-Badeland
Aussichtsdüne
Schiffsausflüge
Zimmernachweis
Wittdün
Vitdyn
Nehrungssee
Wriakhörn
Hörnum, Helgoland III-X
Hörnum (Sylt) III-X
Maßstab 1:55.000
0
1km

FERIENLANDSCHAFTEN, SO WEIT DAS AUGE REICHT

Amrum ist eine Insel der Weite und Freiheit. Im Westen brandet die Nordsee an den Kniepsand. Dahinter türmen sich Dünen auf, die auf Wald und Heide stoßen, in Wiesen und Weiden übergehen, um im Osten schließlich ans Wattenmeer zu grenzen. Ursprünglich wie die Natur sind auch Amrums reetgedeckte Dörfer.

1 Wittdün auf Amrum

Das heutige Fährdorf der Insel (739 Einw.; fries. Witjdün) ist seit 1889 Seeheilbad und an drei Seiten von Wasser umgeben. Gegründet wurde der Badetourismus von Volkert Quedens, der an der Südspitze der Insel 1890 ein Hotel und eine Landungsbrücke erbaute. Die Insulaner sahen das Treiben erst skeptisch, hatte das Baden im Meer doch etwas „Unsittliches".

SEHENSWERT

Die **Schutzstation Wattenmeer** ist im Amrum Badeland untergebracht (Am Schwimmbad 1, www.schutzstation-wattenmeer.de). Um die Südspitze Wittdüns führt die **Wandelbahn**; die Strandpromenade wurde als Uferschutzmauer gegen Sturmfluten gebaut (1914–1921). Zweite Flaniermeile ist die Inselstraße mit dem In-Lokal „Kaffeeflut" und dem Amrumer Teekontor mit u. a. Friesenteemischungen.

AKTIVITÄTEN

Die **Amrumer Inselbahn** präsentiert in 70 Min. auf einer 25 km langen Runde die Inselhöhepunkte (ab Fähranleger Wittdün, www.amrumer-inselbahn.de; 11.00 u. 12.45 Uhr, in der Hauptsaison öfter). Zum **Radeln** laden 144 km markierte Wege ein. An ungemütlichen Tagen lockt das **AmrumBadeland** u. a. mit Wellenbad, Sauna, Kinderbecken und Thalasso Zentrum (Am Schwimmbad 1, Tel. 04682 94 34 31, www.amrum-badeland.de; tgl. 10.00–18.00 Uhr). **Schiffstouren** nach Föhr und zu den Halligen Langeneß und Hooge veranstaltet die W. D. R., auch nach Sylt geht es (Wyker Dampfschiffs-Reederei Föhr-Amrum GmbH, Am Fähranleger 1, 25938 Wyk auf Föhr, Tel. 04681 800, www.faehre.de, www.adler-schiffe.de). Um den Dünensee Wriakhörn führt ein **Naturlehrpfad**. Angeboten werden Watterkundungen in der Kniepbucht, Strandwanderungen auf dem Kniepsand, Vogelbeoachtung am Norddörfer Teerdeich und Diavorträge der Schutzstation Wattenmeer (www.schutzstation-wattenmeer.de). Am Nordstrand treffen sich die **Stand-Up-Paddler** – für Anfänger gibt es Kurse (www.sup-amrum.de).

NACHTLEBEN

In-Treff der Insel ist abends die **Blaue Maus**, in der Wirt „Janniemaus" bis spätnachts den Discjockey spielt (Inselstraße 107, Tel. 04682 20 40, www.blauemaus-amrum.de).

Tipp

Inselllauf

Entlang eindrucksvoller Dünen, durch Kiefernwälder, Marschen und blühende Heideflächen führt der beliebte Insellauf, der alljährlich Mitte Sept. stattfindet. Eine besondere Herausforderung sind die 15 km über den Kniepsand. Familienfreundlich ist die verkürzte Strecke: Ihre 14,5 km können auch mit einer Dreierstaffel bewältigt werden.

INFORMATION
Tel. 04682 94 03 15 und www.amrum.de

Gelegenheit zum Baden: Flut am Kniepsand (oben); geführte Wattwanderung (rechts oben); Radfahren auf dem Deich (rechts unten)

INFORMATION

AmrumTouristik, Inselstraße 14/
Am Schwimmbad 1, 25946 Wittdün auf Amrum, Tel. 04682 94 03 0, www.amrum.de

2 Nebel

Mit seinen reetgedeckten Friesenhäusern, den Feldsteinwällen und blühenden Stockrosen hat das größte Dorf (934 Einw.; fries. Neebel) der Insel trotz allen Trubels urfriesische Gemütlichkeit bewahrt. Sein Name leitet sich nicht von dem Wetterphänomen ab, sondern von den Worten „nei" (neu) und „bol" (Siedlung) – denn Nebel wurde erst Anfang des 16. Jhs. gegründet.

SEHENSWERT

Ältestes Gotteshaus der Insel ist die urspr. romanische, 1236 geweihte **St.-Clemens-Kirche**, die 1908 ihren 36 m hohen Glockenturm erhielt und in der Mitte zwischen Nord- und Süddorf errichtet wurde. Zu ihren Kunstschätzen gehören ein Taufstein aus dem 13. Jh. und die frühgotische Apostelgruppe „Das himmlische Abendmahl", angeblich einst bei einer Sturmflut angeschwemmt. Auf dem **Friedhof** **TOPZIEL** von Nebel berichten 90 „sprechende" Grabsteine von den Lebensgeschichten berühmter Insulaner wie Hark Olufs (1708–1754). Namenlose Wasserleichen wurden auf dem Friedhof der Heimatlosen gegenuber der Erdholländer-Windmühle beerdigt.

MUSEEN

In der **Nebeler Windmühle**, bis heute funktionstüchtig und vor Errichtung des Leuchtturms zugleich Seezeichen, wurden von 1771 bis 1963 Graupen geschält und Korn gemahlen. Der angegliederte Schuppen beherbergt das **Amrumer Museum**, das die Geschichte der Mühle, Flora und Fauna von Insel und Meer, vor- und frühgeschichtliche Funde sowie volkskundliche Gegenstände ausstellt (Ualjaat 4, Tel. 04682 872, www.amrumer-windmuehle.com; April–Okt. tgl. 10.30–13.00, 14.30–17.00, Mo. bis 16.00, So. ab 11.00 Uhr).

Wohnkultur vergangener Tage zeigt das **Öömrang Hüs**, ein Friesenhaus von 1736, heute im Besitz des Heimat- und Kulturvereins Öömrang Ferian. Das Schiff des einstigen Besitzers, eine sogenannte Schmack des Küstenseglerkapitäns, ist unter vollen Segeln auf der Fliesenwand im Pesel zu sehen. Die gute Stube diente zugleich als Schlafkammer – das verraten zwei Alkoven mit Sitzbetten (Waaswai 1, Tel. 04682 10 11, www.oeoemrang-hues.de; Hauptsaison Mo.–Sa. 11.00–13.30, 15.00–17.00, Nebensaison Mo.–Fr. 15.00–17.00 Uhr).

Tipp

Insel-Busfahrt

Amrum ist zwar nicht autofrei, aber darauf ausgerichtet, dass Urlauber ihren Wagen nicht mit auf die Insel nehmen. Der Fahrplan des Inselbusses ist auf den Fährverkehr abgestimmt, und viele Vermieter holen ihre Gäste kostenlos an der Fähre ab. Teuer sind Taxifahrten – denn anders als auf dem Festland dürfen Amrumer Taxis bereits die Anfahrt mitberechnen.

INFORMATION

W. D. R., Inselstraße 14, 25946 Wittdün, Tel. 04682 949 20, www.faehre.de

„Sprechende" Grabsteine auf Nebels Friedhof (oben); Leuchtfeuer nahe Wittdün (rechts oben); Nebeler Windmühle (rechts unten)

AKTIVITÄTEN

Entlang der Westküste der Insel bedeckt der **Kniepsand** **TOPZIEL** rund 10 km² und bietet beste Voraussetzungen für einen Badeurlaub; von allen Orten sind die Wege dorthin kurz. Es werden **Ausritte** am Strand mit Islandpferden veranstaltet (Islandpferdehof Stianood, Stianoodswai, Steenodde, Tel. 0177 481 18 07, http://stianood.ricklefs.de).

Im Wald zwischen Nebel und Norddorf versteckt sich ein kaum bekannter Naturerlebnisraum, der spielerisch das Biotop näherbringt: die **Vogelkoje Meeram**. Um die Entenfanganlage, die bis in die 1930er-Jahre einen wichtigen Beitrag für die Ernährung der Inselbevölkerung lieferte, führt heute ein Bohlenweg als Naturlehrpfad herum. Enten und Gänse laufen hier frei, im Gehege äst Damwild. Einbezogen in den Naturerlebnisraum wurden auch ein Steinzeitgrab und ein cimbrisches Dorf. Danach geht es für die Kids zum Toben auf den großen Spielplatz.

RESTAURANT

In seiner **Seekiste** tischt Wellem Peters unter Gallionsfiguren friesische Spezialitäten auf – beispielsweise Heringe auf Bratkartoffeln und „Hommelkasche", eine Komposition aus verschiedenen Seefischen (Smääljaat 2, Tel. 04682 640, www.seekiste-amrum.de).

VERANSTALTUNGEN

Konzerte des Amrumer Folk-Duos „Querbeet" und des „Amrumer Shanty-Chors" werden im Haus des Gastes veranstaltet (April–Okt.), musikalische Abendfeiern in St. Clemens (Pfingsten–Erntedank Do. 20.30 Uhr). **KiK** – Kunst im Kurpark – bietet Kunsthandwerk und Live-Musik (Anf. Aug.).

UMGEBUNG

Kleinstes Inseldorf und heute Ortsteil von Nebel am Meer ist **Steenodde** mit seinen Hünengräbern. An der Mole werden Di.–So. 10.00 bis 12.00 Uhr frisch vom Kutter, Fisch, Krabben und kuttergefertigtes Amrumer Meersalz verkauft; im Juli steigt das alljährliche Molenfest. Im Seezeichenhafen mit Bojen, Baken und Booten liegt einsatzbereit auch der Seenotrettungskreuzer „Vormann Leiss". In der Saison gibt es auch hier frische Krabben vom Kutter. Südlich des ländlich geprägten **Süddorf**, heute ebenfalls ein Nebeler Ortsteil, erhebt sich der 41,8 m hohe **Amrumer Leuchtturm**. Das

höchste und älteste Seezeichen der deutschen Nordseeküste wirft seit 1875 sein Licht aus 63 m Höhe 23 Seemeilen (42,5 km) weit übers Meer. Zur Aussichtsplattform mit tollem Panorama führen 297 Stufen, 172 davon auf der Wendeltreppe im Turm (www.wsa-toenning.wsv.de, Hauptsaison Mo.–Fr. 8.30–12.30 Uhr). Mitte Juli feiern die Insulaner ihr Wahrzeichen anlässlich der Leuchtturm-Tage.

INFORMATION

AmrumTouristik (mit W. D. R.-Schalter), 25946 Nebel auf Amrum, Hööwjaat 1a, Tel. 04682 94 30 0, www.amrum.de

3 Norddorf

Von Dünen bedeckt, von Feuer mehrfach zerstört: Die nördlichste und – mit Süddorf – älteste Siedlung Amrums hatte bereits eine bewegte Geschichte hinter sich, als Friedrich von Bodelschwingh den Grundstein zum heutigen Urlaubsbad (575 Einw.; fries. Noorsaarep) legte. Wegen des „unsittlichen" Treibens im Süden der Insel hatte der Pastor, Theologe und Gründer der Bodelschwingh'schen Anstalten Bethel 1890 sein erstes Seehospiz gegründet – als christliche Stätte zur Stärkung von Körper und Geist. Heute gehört das Strandbad zu den zehn größten Bade- und Kurorten Schleswig-Holsteins.

MUSEEN

Die Vielfalt Amrums mit Kniepsand, Dünen und Wattenmeer präsentiert das **Naturzentrum Norddorf** des **Öömrang Ferian** in einer interaktiven Erlebnisausstellung mit Aquarien, Gezeitenbecken und Exponaten zum Experimentieren. Beliebtes Schauspiel ist die tägliche Hummerfütterung; dabei sind die Scheren der Schalentiere eindrucksvoll in Aktion. Beliebt sind auch die Familienwatt- und Spülsaum-

führungen (Strunwai 31, Tel. 04682 16 35 82, https://naturzentrum-amrum.de; April–Okt. Fr. bis Mi. 10.00–17.00, sonst Mi., Fr.–So. 12.00 bis 16.00 Uhr, Spende erbeten).
Im Obergeschoss zeigt das **Maritur** (Museum für maritime und naturkundliche Themen) Ausstellungen zur Inselgeschichte. „Hark Olufs – Als Sklave verkauft, als General zurückgekehrt" handelt von Piraterie, Sklaverei und der Faszination der Orients; „Der Kojenmann" thematisiert am Beispiel von Cornelius Peters das Verhältnis von Mensch und Natur im Watt (gleiche Öffnungszeiten wie Naturzentrum, s. oben).

AKTIVITÄTEN

Erscheint das Meer zu kalt, geht es ins **Dünenbad** (Strunwai 31, Tel. 04682 735). Tideabhängig sind die **Wattwanderungen** nach Föhr (s. rechts). Zum Toben lädt das **Abenteuerland** ein, eine 1300 m² große Halle mit Kletterberg, Rutschen, Trampolin, Autoscooter und Tischfußball (Hoofstich 3, Tel. 04682 96 86 64, www.boyens-amrum.de/abenteuerland-amrum).

RESTAURANTS

Historisch und gemütlich ist das **Ual Öömrang Wiartshüs**. Idyllisch wie das Friesenhaus und die Zimmer ist auch die Gaststube, in der unter Gebälk Krabbensuppe & Co. munden (Bräätlun 4, Tel. 04682 836, www.uöw.de). Direkt in den Dünen liegt das junge **Restaurant Strand 33** (Strunwai 33, Tel. 04682 96 15 55, www.strand33.de), das freitags ab 21.00 Uhr mit Cocktails und Musik zum Entspannen bittet. Amrums einziger lizenzierter Austernsammler Heiko Ganzel versorgt das **Seeblick Genuss und Spa Resort Amrum** (Strunwai 13, Tel. 04682 92 10, www.seeblicker.de) mit einer regionalen Spezialität: der Amrumer Wildauster.

VERANSTALTUNGEN

In Norddorf werden traditionell die **Amrumer Lammtage** eröffnet (Hüttmannwiese; Juni). Im Juli feiert die DLRG ihr **Strandfest**.

EINKAUFEN

Der Trachtenschmuck ihrer friesischen Urgroßmutter und das Amrumer Strandgut inspirieren die **Goldschmiedin** Cornelia Rickmers (Lunstruat 1, www.rickmers-schmuck.de).

UMGEBUNG

Die 2 km lange und bis zu 200 m lange **Amrumer Odde** (150 ha Naturschutzgebiet) ist ein bis zu 24 m hoher Dünengürtel, der einst durch die Wanderung des Kniepsands entstanden ist. Die Seevögel, die hier nisten, lassen sich auf Führungen des Vereins Jordsand beobachten, der das Schutzgebiet betreut (Tel. 04682 23 32, www.jordsand.de; Di. bis So. 10.00 Uhr, Treff Aufgang zur Vogelwärterhütte an der Wattseite).

INFORMATION

AmrumTouristik (mit W. D. R.-Schalter), Ual Saarepswai 7, 25946 Norddorf Tel. 04682 947 00, www.amrum.de

DURCHS WATT NACH FÖHR

Einmal über den Meeresboden laufen, die Füße in den weichen Sand bohren und die – oft verborgen hausenden – Bewohner des Wattenmeers entdecken: Eine Wattwanderung ist ein unvergessliches Ferienerlebnis.

Zu den bekanntesten Strecken, die man auf den Nordfriesischen Inseln zurücklegen kann, gehört der Fußmarsch von Amrum nach Föhr. Ausgangspunkt der Route ist Norddorf. Die Streckenführung verläuft nicht direkt, sondern in einer großen Schleife. Grund dafür sind nicht nur die Schlickwattflächen vor Föhr, sondern auch das „Mittelloch", das nach etwa 15 Minuten erreicht wird. Die Wasserhöhe des größten Priels (Wattstroms) an der Strecke ist stark von der Witterung abhängig – mal reicht sie gerade bis zum Knie, dann bis zur Hüfte, gelegentlich auch bis zur Brust. Am besten also: Badebekleidung und zum Schutz der Füße alte Turnschuhe anziehen und ein Handtuch mitnehmen!

Auf einer Wattwanderung wird man eins mit der Natur – zumindest „verschluckt" das Watt die Füße …

Nach weiteren 30 Minuten durch die weite Welt des silbrig funkelnden Watts wird das Wrack der „City of Bedfort" erreicht. Der Salpeterfrachter aus England, dessen Spanten noch 20 Zentimeter aus dem Meeresboden ragen, war 1825 auf dem Weg nach Esbjerg vor Amrum gestrandet, seine achtköpfige Besatzung ertrank. Von hier ist es noch gut eine Stunde bis zum Seedeich bei Dunsum auf der Insel Föhr.

Tourlänge: 8 km/ca. 2,5 Std.
Geführte Touren: Da außer mehreren seichten Prielen auch das deutlich tiefere „Mittelloch" durchquert werden muss, sollte die Tour in Begleitung eines Wattführers wie Reinhard Boyens gemacht werden. Er bietet die Tour in Verbindung mit der Besichtigung der Föhrer „Hauptstadt" Nieblum und den Rückweg als Fährfahrt an.
Informationen gibt es unter www.wattwandern-amrum.de.

Föhr

GRÜN UND KOMPAKT

Im Windschatten der beiden Düneninseln Sylt und Amrum liegt Föhr, grün und kompakt. Im Osten, Norden und Westen schützt ein 22 Kilometer langer Deich die Marsch vor dem nicht immer freundlichen Meer. Vor dem Geestrücken im Süden erstreckt sich ein kilometerlanges Band feingelber Sandstrände.

Gut 250 Jahre lang hat die Oldsumer Mühle ihren Dienst verrichtet, bis sie 1954 stillgelegt wurde.

Blick vorbei an friesischen Farben an einem Fährschiffsbug auf den Hafen von Wyk

Ein kleiner Bummel in Wyks Fußgängerzone

Den „Friesendom" von Nieblum umringen auch „sprechende" Grabsteine.

Friesenhaus in Nieblum – reetgedeckt und mit Zwerchgiebel über dem Eingang

St. Johannis in Nieblum ist die größte der drei Inselkirchen und wird deshalb „Friesendom" genannt.

»ICH HABE JEDEN TAG GEBADET ... DAS UNVERGESSLICHSTE WASSER, IN DEM ICH JE GEWESEN BIN.«

Hans Christian Andersen, 1844 in Wyk

An der Nahtstelle zwischen Marsch und Geest liegen seit dem Mittelalter elf Inseldörfer, die ihr Ortsbild sorgsam bewahrt haben: Nirgendwo sonst an der Nordsee findet man noch so geschlossene Reetdachensembles und Gutshöfe. Welch einen Kontrast zu den ländlich-beschaulichen Dörfern bietet hingegen Wyk! Die einzige Stadt der Insel gehört zu den ältesten deutschen Seebädern. Bereits 1819 stiegen hier Männer und Frauen – nach Geschlecht getrennt – von hölzernen Badekarren zum Bad in die Fluten. Doch richtig in Schwung kam der Badebetrieb erst mit dem Besuch eines Blaublüters: Der damalige dänische König Christian VIII. verbrachte mit seiner Gemahlin Caroline Amalie zwischen 1842 und 1847 regelmäßig fünf Wochen auf der Insel und sorgte so für Werbung. Als er 1848 überraschend starb, war das Seebad für die feine Gesellschaft nicht mehr attraktiv genug.

50 Jahre später sorgte ein engagierter Arzt für neuen Schwung: Dr. Carl Haeberlin. Als Sohn eines evangelischen Missionars in Indien geboren, eröffnete er 1902 auf Föhr eine Praxis und baute mit Karl Gmelin eine bioklimatische Forschungsanstalt in Wyk auf. Wieder und wieder pries er die gesundheitlichen Vorzüge der Insel – nirgendwo in Deutschland sei die Luft so sauber wie auf Föhr.

Im Jahr 1878 flüchtete Johann Baptist Strauß – der Sohn – nach Föhr. Nur wenige Wochen nach dem Tod seiner Frau Henriette hatte sich der Walzerkönig bereits wieder verliebt – in die Schauspielerin Angelika Dittrich. Den beiden gefiel es auf der Nordseeinsel so gut, dass sie 1879 wiederkehrten, in Wyk am Sandwall logierten – und Strauß ganz inspiriert den Walzer „Nordseebilder" komponierte.

Heute gilt die Insel als spezialisiert auf Familienferien. Besonders während der „Föhrer Piratenwochen" ist das Eiland fest in der Hand der kleinen Freibeuter. Und während sich der Nachwuchs bei 260 Kinderveranstaltungen wie Fußballcamp, Strandolympiade, Mitmachzirkus, Märchenmusical, Strandgutwerkstatt und Filzen vergnügt, können sich die Eltern vom Alltag erholen – oder im Freizeitbad Aquaföhr exotische Massagen wie „Pantai Luar" genießen, bei der ein Stempel aus Limetten, Kokosraspeln und Gewürzen den Stoffwechsel der Haut anregt.

FÖHRER WELLNESS-TRIO

Besonders in der Vor- und Nachsaison setzt Föhr auf Gesundheitstourismus. Immerhin werden in Wyk und Utersum seit mehr als 100 Jahren Erkrankungen der Atemwege und der Haut erfolgreich

Hinten am Horizont taucht Amrum auf:
Strand von Utersum.

Familien mit Kindern bestimmen das Leben am Strand von Utersum auf Föhr.

Längst hat die Trendsportart Beachvolleyball auch Föhr erreicht – am Strand spielen ambitionierte Sportler genauso wie Freizeitvolleyballer.

Eine Runde Strandtennis vor der Seebrücke in Wyk auf Föhr macht Spaß.

»MIR GENÜGT ZUR ZEIT DAS SCHWATZEN DER SEEVÖGEL, DAS LEISE SICH-WIEGEN DES STACHLIGEN STRANDHAFERS, EIN WENIG DURCH DIE FINGER RINNENDER SAND …«

Christian Morgenstern, 1905 auf Föhr

kuriert. Tradition haben auch Thalasso-Behandlungen, bei denen die Meeresheilkräfte genutzt werden. Algenpackungen pflegen und entschlacken, warme Wattenschlick-Packungen lösen Muskelverspannungen. Wie ein Jungbrunnen wirkt auch das Reizklima der Nordsee: Jeder Atemzug vitalisiert, versorgt den Körper mit Jod, Salz und Mineralien. Eine Wattwanderung gehört daher zu jedem Föhr-Urlaub. Start ist im Dörfchen Dunsum. Von dort geht es hinüber nach Amrum – und per Fähre zurück.

HOCH ZU ROSS UND AUF DEN HOF

Mit 850 Rössern vieler Rassen gilt Föhr als Reiter-Mekka. Nicht nur Holsteiner Warmblüter und Trakehnerstuten, auch portugiesische Lusitanos, kleine Shetlandponys, amerikanische Quarterhorses und englische Shire-Horses, die größte Pferderasse der Welt, fühlen sich auf Föhrer Wiesen wohl. Sie werden hier gezüchtet, zur Arbeit im 200 Hektar großen Inselwald eingesetzt und für Ausritte an Urlauber vermietet. Hoch zu Ross sind sie nicht nur auf ausgeschilderten Reitwegen, sondern auch auf dem Meeresboden unterwegs – 300 Meter vom Strand entfernt darf überall im Watt geritten werden. Und ein Bad im Priel genießen die Pferde so ausgelassen wie die Menschen.

Bis heute ist die Landwirtschaft mit den Standbeinen Milchviehwirtschaft, Futter- und Getreideanbau neben dem Fremdenverkehr wichtigster Wirtschaftszweig der Insel. So werden noch drei Viertel der Inselfläche, das bedeutet 62 von insgesamt 82 Quadratkilometern, intensiv bewirtschaftet – wie, verrät der Tag des offenen Hofes. Viele der 65 Vollerwerbshöfe bieten zudem seit Mitte der 1970er-Jahre „Ferien auf dem Bauernhof" an und laden ein, den Alltag eines Inselbauern direkt mitzuerleben: beim Melken der Kühe oder beim Füttern der Hühner.

WELTKARRIERE FÜR ENTEN

Eine Föhrer Besonderheit sind die Vogelkojen, mit denen früher Wildenten gefangen wurden. Sie bestehen aus einem zentralen Teich, von dem mehrere Gräben abgehen. Das Ende dieser sogenannten „Pfeifen", mit Netzen überspannt und Strohmatten abgeschirmt, bilden die Fangkästen. Das Fangprinzip ist so einfach wie erfolgreich: Zahme Enten lockten die wilden Verwandten zur Rast auf dem Teich. Zur Fütterungszeit folgten die Wildenten ihren domestizierten Artgenossen in die sich verengenden Pfeifen – und wurden vom hinter Strohmatten versteckten Kojenwärter in die Fangkästen getrieben, getö-

So wichtig der Tourismus für Föhr auch ist, das Inselbild wird ebenso von der Landwirtschaft geprägt. Getreideanbau, Milchwirtschaft und Schafzucht sind Standbeine, von deren Existenz man sich wunderbar auf einer Radtour überzeugen kann.

Reetgedeckt wie die Friesenhäuser: Zu einem Bauernland gehört eine Mühle – wie die in Oldsum.

Special

Auslandsföhrer

Friiske spräke in Amerika

Neben Landwirtschaft sorgten Salzsiederei, im 17. und 18. Jahrhundert Walfang und Robbenschlag sowie ab 1860 Handelsschifffahrt für einen gewissen Wohlstand. Dennoch gab es bis ins 20. Jahrhundert Zeiten bitterster Armut, deretwegen viele Föhrer ihre Insel verlassen mussten. Probleme bereitete zeitweise auch die politische Situation der Insel, die von 1581 bis 1721 zweigeteilt war: Das Westerland gehörte zu Dänemark, das Osterland dem Gottorfer Herzog in Schleswig – und damit zu Preußen. 1721 wurde die ganze Insel dänisch, 1864 preußisch. Als die neuen Machthaber eine sechsjährige Wehrpflicht für Föhrer Männer einführten, verstärkte sich die Emigration nach Amerika. Westerländer Föhrer zogen zu Verwandten nach New York, oftmals im Delikatessenhandel in der Bronx, auf Long Island und in Manhattan tätig; Osterländer zog es nach Petaluma in Kalifornien, wo sie sich

Heie Martens-Sönksen: ein Föhrer Original

in der Landwirtschaft eine neue Existenz aufbauten. Erst in den 1950er-Jahren verebbte die Auswanderungswelle. Bis heute haben fast alle Föhrer Familien Verwandte in den USA – und die Auslandsföhrer oft großes Heimweh nach der Heimatinsel. Doch auch viele Föhr-Gäste sind süchtig nach ihrer Urlaubsinsel: Seit 1998 existiert ein Föhr-Fanclub.

tet und ab 1885 in die Wildentenkonservenfabrik von Heinrich Boysen in Wyk gebracht. Dort wurden das Fleisch in Dosen eingeweckt und weltweit exportiert – jährlich immerhin fast 40 000 Stück, angeliefert auch von Fangstationen auf den anderen Inseln. Serviert wurde die Föhrer Krickente sogar auf den New-York-Fahrten der Hamburg-Amerika-Linie.

Seit den 1950er-Jahren bilden die Vogelkojen ökologische Nischen in der Marsch. Gefangen wird hier heute nur noch im Auftrag der Forschung: So werden die Enten auf Schadstoffe und auf die Erreger der Vogelpest untersucht.

RENATURIERUNG À LA FÖHR

Für den Erhalt der Feuchtflächen auf Föhr, das als einzige Insel aus dem Schutzbereich des Nationalparks ausgegrenzt wurde, engagiert sich der Verein Elmeere. Seit 1996 hat er 100 Hektar (das ist ein Prozent der Inselfläche) in der Föhrer Marsch aufgekauft und renaturiert – ein Mosaik aus Wasserflächen, sumpfigen Bereichen und extensiv genutzten Weiden mit Schafen und Galloway-Rindern. Bekassine, Uferschnepfe, Löffler, Rohrdommel und Kampfläufer brüten wieder ungestört an diesem Ort, Ringelgans und Austernfischer rasten hier auf ihrem Weg ins Winterquartier.

Gespräch mit Ulrike Kraus

NATUR MIT ALLEN SINNEN ERLEBEN

Verständnis und Bewusstsein für das sensible Ökosystem Wattenmeer zu wecken, ist vorrangige Aufgabe. Bei Wattwanderungen, vogelkundlichen Führungen oder nächtlichen Strandspaziergängen erklärt Ulrike Kraus von der Husumer Zentrale der Schutzstation Wattenmeer Besuchern die einzigartige Natur.

Die Ringelgänse des Sylter Wattenmeers lassen sich von der Schutzstation in Morsum aus gut beobachten.

Die Schutzstation Wattenmeer wurde 1962 gegründet und war maßgeblich an der Realisierung des Nationalparks Schleswig-Holsteinisches Wattenmeer beteiligt. Die größte Station dieses gemeinnützigen Naturschutzvereins liegt in den Dünen von Hörnum auf Sylt – dort hat uns Ulrike Kraus, die sonst von der Husumer Zentrale der Schutzstation regelmäßig sämtliche Außenstellen aufsucht und kontrolliert, Einblicke in ihre Arbeit gewährt.

Frau Kraus, Sie sind Rheinländerin – was verschlug Sie an die Nordsee? Die Liebe zur Natur. Ich habe ein Studium der Geografie mit Schwerpunkt Ökologie und Umwelt gewählt und kam während eines Praktikums erstmals nach Sylt. Als ich dann hier war, hatte es mich richtig gepackt, und ich machte noch zwei weitere Praktika als Vogelwart in Keitum und Morsum. Nach meiner Diplomarbeit über ein Wattenmeerthema wurde ich hauptamtliche Mitarbeiterin der Schutzstation. Seit einigen Jahren leite ich nun die Sylter Stationen, seit Sommer 2007 auch die Station auf Föhr.

Heute dient die Schutzstation nicht nur als Büro und den Praktikanten, Bufdis [Bundesfreiwilligendienst] und FÖJlern [Freiwilliges Ökologisches Jahr], der Basis des Vereins, als Wohngemeinschaft, sondern empfängt auch Besucher. Was können sie hier erleben? Als Nationalpark-Infozentrum laden die Schutzstationen dazu ein, die Natur mit allen Sinnen zu erleben. Da uns viele Schullandheime umgeben, ist alles sehr kindgerecht präsentiert. Wir sind kein Museum, sondern bieten Natur zum Anfassen und Ausprobieren. Ob Jung oder Alt: Alle sind eingeladen, unsere Angebote mit viel Spaß zu erforschen. Dazu gehört auch unser großes Spektrum von jährlich rund 1000 Veranstaltungen. Unser Klassiker sind die Wattwanderungen, aber auch Nachtwanderungen bieten ein einmaliges Naturerlebnis, bei dem man das Meeresleuchten erleben kann – unzählige Algen glitzern dann grün-blau. Von April bis Oktober begleiten wir zudem die Seehundfahrten der Adler-Schiffe, bei denen

Auf der „Jagd": Mithilfe eines Spektivs halten die Mitarbeiter nach ihrem jeweiligen Beobachtungsobjekt Ausschau.

Gute Zusammenarbeit ist wichtig: Bei der Dienstbesprechung in der Hörnumer Schutzstation tauscht man sich aus.

wir auch einen Seetierfang einholen und erklären. Hinzu kommen pflanzen- und vogelkundliche Wanderungen, Diavorträge und die „Strandpiraten"-Angebote für den Nachwuchs.

Neben der Öffentlichkeitsarbeit erfüllen die Mitarbeiter der Schutzstation auch wichtige Aufgaben im Naturschutz. Welche sind dies? Das Land hat uns 1974 Naturschutzgebiete zugewiesen, die wir seitdem betreuen. Außerdem betreuen wir Landschaftsschutzgebiete und Teile des Nationalparks. Dort machen wir Kontrollgänge und beobachten die Natur. Wir notieren, wann welche Pflanzen blühen, wann welche Tiere auftauchen und wann die Balz beginnt. Sensible Bereiche, zum Beispiel Brut- und Rastgebiete, werden von uns im Frühjahr mit Pfahlreihen abgesperrt. Doch gleichzeitig stellen wir uns immer mal mit einem Spektiv, einer Art Fernrohr, daneben – wir wollen keine Gäste fernhalten, sondern Verständnis wecken. Denn man kann nur schützen, was man kennt – und vielleicht wie wir lieben gelernt hat.

Als dritte Aufgabe kommen wissenschaftliche Monitoring-Programme hinzu – was ist das? Hier schauen wir, wie sich das sensible Ökosystem Wattenmeer verändert. Beim Spülsaum-Monitoring im Winter wird beispielsweise erfasst, was alles angeschwemmt wird – Muscheln und Müll, aber auch immer wieder Öl und tote Vögel. Zweimal pro Jahr kartieren wir das Watt. Hierbei erfassen wir an allen unseren Stationen auf Probestrecken von mehreren Kilometern Länge alle 50 Meter auf jeweils einem Quadratmeter sämtliche Tiere und Pflanzen, die dort vorkommen. Bei der 14-tägigen Rastvogelzählung merken wir sofort, wie Veränderungen selbst in den entlegensten Regionen hier vor Ort Auswirkungen haben. Wenn im Frühjahr beispielsweise Tausende Ringelgänse weniger ankommen als in den Jahren zuvor, wissen wir, es muss im Winter in Sibirien etwas passiert sein.

Was macht in Ihren Augen das Wattenmeer so einzigartig? Es gibt nirgendwo auf der Welt noch so große zusammenhängende Wattflächen. Die meisten Meere fallen steiler ab, sodass sich solche Wattflächen gar nicht entwickeln können. Und die sind wiederum für die Vogelwelt ungeheuer bedeutend. Das Wattenmeer dient als Drehscheibe des Vogelzugs. Ohne das Wattenmeer mit seiner Weite, Ruhe und vielfältigem Nahrungsangebot könnten die Vögel den Flug von Afrika nach Sibirien und zurück gar nicht schaffen. Selbst der größte See im Landesinnern könnte diese Aufgabe nicht erfüllen – schließlich sind es ja zehn Millionen Vögel, die hier im Jahr rasten. Außerdem nutzen rund 400 000 Brutpaare jedes Jahr das Wattenmeer als Kinderstube für ihren Nachwuchs. Die Schutzstation Wattenmeer hat daher auch die Initiative, das gesamte Gebiet als Weltnaturerbe unter den Schutz der UNESCO zu stellen, maßgeblich unterstützt und zu ihrem Erfolg beigetragen.

Frau Kraus, wir danken für das Gespräch und wünschen Ihnen weiterhin viel Erfolg für Ihre Arbeit.

Maßstab 1:55.000
0
1km
N O R D S E E
Schutzzone I
Liinsand
Nordmannsgrund
Föhr
WYK auf Föhr
VIK
Oldsum
Dunsum
Süderende
Utersum
Yttersum
Borgsum
Witsum
Vitsum
Nieblum
Niblum
Alkersum
Oevenum
Øvenum
Midlum
Wrixum
Westerland
Osterland
Toftum
Klintum
Klein-Dunsum
Groß-Dunsum
Toftumer Heide
Toftumer Vorland
Schutzstation Wattenmeer
Schöpfwerk Föhr-Mitte
Schöpfwerk Föhr-West
Sörensvai
Oldsumer Vogelkoje
Stellys Hüüs
Monklembergem
Lembecksburg
Borgsumer Vogelkoje
Museum Kunst der Westküste
Friedenseiche
Andelhof
Elmeere-Naturschutzstelle
Ackerumer Vogelkoje
Oevenumer Alte Vogelkoje
Neue Oevenumer Vogelkoje
Boldixumer Vogelkoje
Nashörn
Radl Rast
Hedehusum
Triibergen
REHA-Zentrum
Haus des Gastes
Sylvert
Vogelschutzgebiet
Godelniederung
Goting
Goting Kliff
FKK
Haus d. Gastes
De Meere
Thinghuug
Osterheide
Thiefbergem
Nationalpark-Info
Kedewunn
Surf- und Kitebereich
Bretland
Greveling
Naturkundl. Lehrpfad
Friesenmuseum
Südstrand
Sanatorium
Nordsee-Kurpark
Schutzstation Wattenmeer
Südstrandbrücke
Leuchtturm "Olhörn"
Meerwasser-Wellenbad AQUAFÖHR
Musikpavillon
Tourist-Information u. Reederei W. D. R.
Mittelbrücke
Nationalpark-zentrum
Nationalparkhaus
Boldixum
Der Kanal
Harlies Graben
Westerlelt
Osterlelt
Grat Kanal
Wattwanderweg

PARADIES FÜR FAMILIEN

Geschützt hinter den Halligen und den Inseln Amrum und Sylt liegt die Insel Föhr – eine grüne Oase in der Nordsee. Ihre einzige Stadt, Wyk, gehört zu den ältesten Seebädern Deutschlands: Schon der dänische König Christian VIII. verbrachte den Sommer in Wyk, 1844 in Gesellschaft des Dichters Hans Christian Andersen.

1 Wyk auf Föhr

Wo im 17. Jh. die Walfänger zu ihren Fahrten starteten, legen heute die Fähren an. Die Inselhauptstadt Wyk (4500 Einw.; fries. Wik) ist seit 1819 ein Seebad mit bis zu 20 000 Gästen zur Hauptsaison und eines der ältesten Deutschlands. 1704 war der Ort als Hafenplatz dokumentiert. Als die Könige und Künstler fernblieben, kamen die Kinder: Bis heute gilt Wyk auf Föhr als Synonym für Kindererholung.

SEHENSWERT
Zu den schönen Ecken des Badeorts, leider auch mit einigen Bausünden, gehören die betriebsame **Fußgängerzone** mit hübschen Stadthäusern aus der Zeit um 1900 und die idyllische **Carl-Häberlin-Straße**, deren Giebelbauten Rosen schmücken. Wahrzeichen von Wyk ist der **Glockenturm** an der Großen Straße/Mühlenstraße, 1892 aus Backstein erbaut. In der Feldstraße, nahe beim Friesenmuseum, hat Elmeere ein **Storchengehege** mit Inforaum angelegt, der ein 3-D-Modell der Insel birgt. Herrliche Flaniermeile ist der **Sandwall**; die Strandpromenade mit Halligenblick, urspr. als Hochwasserschutz angelegt, erhielt einen Gezeitenbrunnen. Welche Höhe die Sturmfluten der letzten 170 Jahren erreichten, verrät ein Teak-Pfahl im alten Hafen: 1825 stieg das Wasser auf 4,76 m über Normalnull (NN).

Tipp

Alt Wyk

Der einzige Michelin-Stern außerhalb Sylts im nordfriesischen Inselmeer schmückt seit 2012 das Restaurant „Alt Wyk". In der Küche, die sich zwischen die drei Speisesäle in friesischem Weiß-Blau drängt, wirbelt das Team um Chefkoch René Dittrich umher. Dem wortkargen Träger der Goldmedaille der „Gastronomischen Akademie Deutschland" gelingt es, deftige regionale Kost mit französischer Haute Cuisine flirten zu lassen – z. B. in der Grünkohlsuppe mit Entenstreifen. Wer bleiben möchte, nächtigt unter dem Dach in einer der beiden gemütlichen Ferienwohnungen.

INFORMATION
Große Straße 4, 25938 Wyk auf Föhr, Tel. 04681 32 12, www.alt-wyk-de

Wattenmeer mit Amrum-Blick in Utersum

MUSEEN
Gewaltige Walkieferknochen schmücken den Eingang des **Carl-Häberlin-Friesenmuseums** **TOPZIEL**, das Föhrer Geschichte von der Steinzeit über die Wikinger bis heute lebendig werden lässt. Auf dem Freigelände zeigt Haus Olesen (1617), ältestes der Insel, sein ursprüngliches Interieur, die Inselscheune und landwirtschaftliche Geräte. Eine kleine Bockwindmühle erinnert an diesen auf Föhr einst verbreiteten Mühlentyp. Auch ein Garten mit alten Rosensorten wurde angelegt (Rebbelstieg 34, www.friesen-museum.de; Juli, Aug. tgl. 10.00–17.00, Mitte März–Okt. Di.–So. 10.00–17.00, sonst Di. bis So. 14.00–17.00 Uhr). Im **Nationalpark-Haus** wandert man durch die Jahreszeiten des Wattenmeers samt Flora und Fauna (Altes Rathaus, Hafenstraße 23, www.foehr.de/freizeitangebote/wyk/a-nationalpark-haus-foehr, Tel. 04681 42 90; April–Okt. So.–Fr. 10.00–17.30, sonst Do., Sa. 14.00–17.00, Fischfütterung Juli bis Sept. Mo., Mi. 15.00, Fr. 11.00 Uhr).

AKTIVITÄTEN
Das Familien- und Kurbad **Aquaföhr** bietet Wellenbetrieb mit original Nordseewasser und eine Sauna für den Fall, dass das Wetter einen Strandbesuch einmal nicht so verlockend erscheinen lässt (Stockmannsweg 1, www.aquafoehr.de; tgl.).
An der **Schutzstation Wattenmeer** mit Wattenmeerraum beginnen Wattwanderungen und naturkundliche Führungen (Badestraße 111, www.schutzstation-wattenmeer.de).

NACHTLEBEN
Einzige **Disko** der Insel ist das „Olympic" (Koogskuhl 6; ab 22.00 Uhr).

VERANSTALTUNGEN
Etwas für Abgehärtete ist das **Föhrer Neujahrsschwimmen**. Bei **Jazz goes Föhr** swingt im Juli die ganze Insel (https://www.foehr.de/jazzgoesfoehr). **Musik-am-Meer**-Konzerte erklingen im Musikpavillon Sandwall (Mai–Sept. Di. bis So.). Ein sommerlicher Spaß für die Einheimischen sind die **Ringreiterturniere** (s. S. 34).

EINKAUFEN
Als einziger Bauer der Insel stellt **John Hartmann** aus der Milch seiner Kühe noch selbst Rohmilchkäse her – und verkauft ihn (Hauptstraße 9, Alkersum, Tel. 04681 24 92). Nordische Handwerkskunst trifft Design im **Kontor 1710** (Sandwall 52, Tel. 04681 748 75 55, www.kontor1710.de). Bei Nieblum keltert das **Weingut Waalem** aus den Insel-Trauben Johanniter und Solaris trockenen Föhrer Insel-Sekt (Grevelingstieg 11, Tel. 04681 747 40 59, www.weingut-waalem.de).

UMGEBUNG
Der einstige Hauptort **Boldixum** ist seit 1924 Ortsteil von Wyk. In der schlichten romanischen St.-Nicolai-Kirche (1240) fanden urspr. auch politische Versammlungen und Gerichtstage statt; auf dem Friedhof berichten „sprechende" Grabsteine von wechselhaften Schicksalen.
Die **Vogelkoje** diente einst dem Vogelfang (April–Okt. Mo.–Fr. 10.00–12.00 Uhr).
Im 423-Einw.-Dorf **Alkersum** liegt das Glück der Urlauber auf Pferderücken – fünf Reiterhöfe mit 200 Rössern warten hier auf Ausritt oder Unterricht. Im hübschen Dorf wurden viele alte Friesenhäuser in gemütliche Ferienwohnungen umgewandelt. Wer nicht reitet, kann beim Wandern oder Radfahren die landschaftliche Vielfalt erkunden.
Der historische Grethjens Gasthof, in dem sich einst Künstler wie der Mitgründer der Berliner Secession, Otto Heinrich Engel, trafen, bildet das Herz des **Museums Kunst der Westküste** **TOPZIEL**, dessen Werke – aufbauend auf der Gemäldesammlung des Museumsgründers Prof. Frederik Paulsen – die Faszination des Maritimen im Wandel der Zeiten repräsentieren (Hauptstraße 1, www.mkdw.de; März–Okt. Di. bis So. 10.00–17.00, Nov.–Mitte Jan. Di.–So. 12.00–17.00 Uhr).
Im Reetdachdorf **Midlum** (358 Einw.) steht eine der letzten funktionstüchtigen Galerie-Holländer-Windmühlen, die bei Mühlenbacktagen in Betrieb geht (www.midlumer-muehle.de). Für sportliche Abwechslung sorgt ein Quellenfreibad.
In **Oevenum** (469 Einw.), dessen 1882 gegründete Jugendfeuerwehr die älteste der Welt ist, sind Künstler daheim: Petra Stölten beispielsweise zeigt im Töpperhüs (Dörpstrat 21) handgetöpferte Keramiken.

Tipp

Föhr-Bücher für Ferien-Feeling

Er war Krankenpfleger, Werftarbeiter und Traumschiffpianist – und schreibt heute kurzweilige Sommerromane über Föhr, die sofort Ferienfeeling herbeizaubern: Volkmar Nebe alias Janne Mommsen. Mit „Oma ihr klein Häuschen" kam 2010 der erste der insgesamt vierbändigen Reihe über Sönke, Maria und Oma auf den Markt – und wurde, wie „Ein Strandkorb für Oma", „Oma dreht auf" und „Omas Erdbeerparadies" Kult, nicht nur unter Nordseefreunden. Denn Janne Mommsens Schreibstil ist wie eine frische Brise – und ermöglicht Kopfkino vom Feinsten aus der Karibik der Friesen.

INFORMATIONEN ZU AUTOR UND TITEL UNTER
www.rowohlt.de

Grabstein im „Friesendom" von Nieblum (links); Westland-Kirche St. Laurentii bei Süderende (oben)

INFORMATION
Föhr Tourismus GmbH, W. D. R.-Servicegebäude, Am Fähranleger 1, Veranstaltungszentrum, Sandwall 38, 25938 Wyk auf Föhr, Tel. 04681 300, www.foehr.de

② Nieblum

Prächtige Friesenhäuser, Bauerngärten und alte Alleen machen Nieblum (567 Einw.; fries. Njiblem) zum Inselschmuckstück. Viele der weißen und roten Häuser aus dem 18. Jh. gehörten einst Kapitänen, die durch Seefahrt und Walfang zu Wohlstand gekommen waren.

SEHENSWERT
Der romanisch-gotische sogenannte Friesendom **St. Johannis** (13. Jh.) ist die größte der drei Inselkirchen und zählt zu den bedeutenden Sakralbauten Schleswig-Holsteins. Zu den Kunstschätzen im Innern gehören die Granittaufe (1200), die Johannes-Figur (15. Jh.) eines unbekannten Meisters, der dreiflügelige Schnitzaltar (1487) und die Renaissancekanzel (1618) mit Szenen aus dem Leben Jesu vom Flensburger Meister Hinrich Ringeling. Auf dem Friedhof berichten 265 verzierte Grabplatten vom Leben wohlhabender Nieblumer Bürger.

AKTIVITÄTEN
Abschlagen lässt sich auf dem auf 27 Löcher erweiterten Platz des **Golf Clubs Föhr** (Grevelingstieg 6, Tel. 04681 58 04 55, www.golfclubfoehr.de), **baden** am 6 km langen Strand im Ortsteil Goting, der ostwärts in den Wyker Südstrand übergeht und im Westen am 9 m hohen Goting-Kliff endet.
Wandern oder **Radfahren** sind auf der 5 km langen „Traumstraße" vom westlich gelegenen Goting über Witsum und Hedehusum nach Utersum beliebt.

RESTAURANTS
In dem 250-jährigen **Alten Landhaus** dominieren abends Lamm und Fisch die Karte; nachmittags lockt ein Cafégarten (Bi de Südd 22, Tel. 04681 25 72, ww.landhaus-nieblum.de).

VERANSTALTUNGEN
Die Klänge der **Sommerkonzerte** erfüllen von Juni bis Sept. das Gewölbe von St. Johannis (Fr. 20.00 Uhr).

UMGEBUNG
Bei Borgsum erhebt sich nördl. des Dorfes die **Lembecksburg**. Der 10 m hohe Ringwall aus dem 9. Jh. ist der Rest einer Verteidigungsanlage gegen Wikinger, im 14. Jh. vom dänischen Lehnsherrn Klaus Lembeck besetzt.

INFORMATION
Föhr Tourismus GmbH, Dörpshus, Poststraat 2, 25938 Nordseebad Nieblum, Tel. 04681 25 59, www.nieblum-online.de

③ Utersum

Der 15 km lange, weiße Sandstrand von Utersum (424 Einw.; fries. Ödersem) gilt als der schönste der ganzen Insel. Mehr als 500 vorgeschichtliche Grabhügel gab es einst auf der Föhrer Geest, sie erinnern an die frühe Besiedlung der heutigen Insel. Am Utersumer Deich sind auf Höhe der Seebrücke Reste des Sunbereg zu erkennen, einer jungsteinzeitlichen Grabkammer, die in der Bronzezeit erneut belegt wurde. Um die drei Hügelgräber Triibergem ranken sich zahlreiche Sagen. 1360 wurde Utersum erstmals genannt. Zu den begeisterten Liebhabern des kleinen See- und Kurbads gehörte auch Hans Rosenthal (1925–1987) – heute erinnert ein Denkmal vor dem Haus des Gastes an den populären Quizmaster.

UM DIE DREI HÜGELGRÄBER TRIIBERGEM RANKEN SICH ZAHLREICHE SAGEN – BEISPIELSWEISE SOLLEN SIE DIE HEIMSTATT WINZIGER ZWERGE SEIN.

AKTIVITÄTEN
Angeln kann man in den Utersumer Gemeindeteichen (Angelschein bei der Kurverwaltung), **surfen** am ausgewiesenen Surfstrand.

INFORMATION
Föhr Tourismus GmbH, Haus des Gastes, Klaf 2, 25938 Utersum auf Föhr, Tel. 04683 346, www.utersum.de

4 Oldsum

In Oldsum (534 Einw.; fries. Olersem), im Westen der Föhrer Marsch, haben sich Künstler und Kunsthandwerker niedergelassen. Wahrzeichen des 1463 erstmals genannten alten Bauerndorfs ist eine reetgedeckte Windmühle (1901). Im 17. Jh. stellte der Ort viele erfolgreiche Walfänger. Die bekannteste Bürgerin des Ortes ist Friede Springer – die Mehrheitseignerin des Axel-Springer-Konzerns wurde hier 1942 als Tochter eines Gärtners geboren.

SEHENSWERT
In **Stelly's Hüüs**, einem Kapitänshaus von 1837, zeigt Rolf Stelly ein kunterbuntes Kuriositätenkabinett mit Exponaten aus aller Welt (Oldsum 38, Tel. 04683 306, https://www.facebook.com/stellyscafe; April–Okt. Mi.–Mo. 11.30 bis 18.00 Uhr). Angeschlossen sind ein Teeladen, eine Töpferei und ein Café, in dem Anneta König köstlichen Milchreis oder auch Bratäpfel mit Eierlikör serviert. Postkarten und Poster von Föhr ziert **Marys Haus**, wo einst der Inselmaler Enzian Calvados lebte und arbeitete. Heute ist Synchronsprecher Christian Brückner der berühmteste Bewohner von Oldsum und lässt beim virtuellen Bilderrundgang die Geschichte des Dorfes aufleben (https://oldsum-auf-foehr.de/dorfleben/rundgang).
Im Oldsumer Vorland wurde von der Schutzstation Wattenmeer in einem Bauwagen ein kleines **Infozentrum** eingerichtet (Mai–Aug.).

RESTAURANTS
Besonders gut mundet frisch gebackener Oldsumer Apfelkuchen unter den Obstbäumen des **Apfelgartens** der Familie Gloy (Tel. 04683 898, www.imapfelgarten.de).
Rote Grütze, Lamm und Regionales stehen auf der Karte des Gasthofs **Ual Fering Wiartshüs** (Haus 141, https://wirtshaus-oldsum.de).

AKTIVITÄTEN
Die **Wattwanderungen** TOPZIEL von Föhr hinüber nach den benachbarten Amrum beginnen in Dunsum.

UMGEBUNG
Ursprünglich ist **Süderende** (200 Einw.), drittes der Inselkirchdörfer. Seine berühmte, urspr. romanische St.-Laurentii-Kirche (13. Jh.) erhebt sich etwas südlich inmitten der Felder, damit alle Gläubigen des Westerlands die gleiche Strecke zur Kirche hatten. Auf dem **Friedhof** ruht Föhrs berühmtester Walfänger: Der Oldsumer „Glückliche Matthias" Petersen (1632–1706) hatte auf seinen Fahrten 373 Wale erlegt.

FÖHRGREEN – URLAUB GANZ NACHHALTIG

Kann eine Urlaubsinsel nachhaltig sein? Föhr will es versuchen und hat mit Produzenten, Gastronomen und Hoteliers im Sommer 2020 die Initiative FÖHRgreen aus der Taufe gehoben. Hinter dem Projekt steht die Föhr Tourismus GmbH (FTG). Mit ins Boot geholt hat sie Partner, die als Vorbilder fungieren und so zum Umdenken beitragen können. Dazu gehören nicht nur Ferienunterkünfte, sondern auch Hofläden und Einzelhändler. Gemeinsam wollen sie ihre Vision von Nachhaltigkeit für Gäste erlebbar machen. Bestehende nachhaltige Aktivitäten in ökologischen, sozialen und ökonomischen Bereichen sollen dazu als „FÖHRgreen Domizil", „FÖHRgreen Gastronom" und „FÖHRgreen Manufaktur" sichtbarer werden. Zudem wollen die Öko-Partner neue nachhaltige Projekte initiieren und umsetzen.

Sie möchten dazu beitragen, die Insel ein bisschen besser zu machen? Dann könnten Sie Ihren Urlaub beispielsweise in einer der Unterkünfte der „Ferienhäuser Nahmens" oder der „Ferien auf Föhr GmbH" verbringen, im „Café Im Apfelgarten", in „Fietis Restaurant", der „Speisekammer Föhr", der „stattBar" oder „Hinrichsen's Familien Farm" essen und Ihre Mitbringsel für die Lieben daheim etwa bei der „Föhrer Saftmanufaktur" besorgen.

Ob Schollenfilet oder Käse – wer sich an FÖHRgreen hält, genießt nachhaltig.

Das Konzept von FÖHRgreen soll in Zukunft noch weitere Bereiche umfassen: Für eine nachhaltige Mobilität mit „FÖHRgreen mobil" arbeitet die FTG mit der Hochschule für nachhaltige Entwicklung Eberswalde zusammen; ebenfalls geplant sind neue nachhaltige Veranstaltungen als „FÖHRgreen Event". Und wer sich jetzt wundert, warum das Projekt einen englischen Namen trägt, der irrt sich. Denn das „green" in FÖHRgreen ist dem Föhrer Friesisch (Fering) entlehnt. Es bedeutet wie das englische Wort „grün", wird aber anders ausgesprochen: „greehn".

FÖHRgreen
www.foehr.de/de/foehrgreen

Pellworm und Nordstrand

*

IM RHYTHMUS DER GEZEITEN

*

Pellworm und Nordstrand stehen nicht in der ersten Reihe der nordfriesischen Urlaubsinseln, haben aber dennoch treue Fans. Diese schätzen die Ruhe, die satten Farben der Natur hinter den mit Schafen betupften Deichen und nicht zuletzt das Meer, das auch hier Badevergnügen verspricht – allerdings im Rhythmus der Gezeiten.

Ehemalige Priele entwässern bis heute das Inselinnere von Pellworm.

Die gut erhaltene Pellwormer Nordermühle dient heute als Ferienwohnung.

Vom Kaydeich beim Leuchtturm blickt man hinüber zum „Hotel Friesenhaus".

Sandstrand sucht man auf Pellworm vergebens – hier sonnt man sich auf grünem Grund.

Pellworms Brücke zur Welt:
der Fähranleger

Pellworm ist ganz anders als seine Nachbarinseln. Saftige Weiden und grüne Deiche prägen das Bild auf der Marscheninsel, die erst mit der großen Oktoberflut 1634 entstand. In der Nacht des 11. auf den 12. Oktober war damals die alte Insel Strand auseinandergebrochen. Ihr Westteil, der damals bereits Pellworm hieß, wurde zur eigenen Insel – wie auch Nordstrand, das seit 1907 durch einen drei Kilometer langen Straßendamm mit dem Festland verbunden ist. Als Schutz vor weiterem Landverlust umgibt heute ein je acht Meter hoher und 28 Kilometer langer Außendeich beide Inseln.

DAS WERK WILDER KERLE

Wahrzeichen von Pellworm ist die 26 Meter hohe Turmruine der „Alten Kirche" St. Salvator, die zu den sogenannten Knuts-Kirchen gehört. Dänenkönig Knut hatte in der ersten Hälfte des 11. Jahrhunderts diverse Kirchenbauten initiiert, um das seinerzeit gerade eingeführte Christentum zu festigen. Der Ziegelturm des mittelalterlichen Gotteshauses stürzte 1611 ein, weil der weiche Wattboden seinem Gewicht nicht gewachsen war. Dramatischer beschreibt eine Sage den Einsturz. Im kalten Winter 1420 soll der Büsumer Seeräuber Cord Widderich dort mit seinen wilden Dithmarscher Kerlen gehaust und die Stützbalken des Gebäudes verfeuert haben. Inselpastor Manfred Adam, der seit 1988 auf Pellworm predigt, kennt die Sagen der Kirche und ihre Kunstschätze, zu denen auch eines der wenigen erhaltenen Instrumente des Orgelbauers Arp Schnitger zählt. Ihr Klang ist so berühmt, dass Virtuosen aus der ganzen Welt nach Pellworm reisen und seit 50 Jahren die Gäste bei sommerlichen Orgelkonzerten lauschen machen.

GELBER RAPS, ROTE KRABBEN

Doch Pellworm lebt nicht nur vom Tourismus. Landwirtschaft und Fischerei sind hier keine Kulisse, sondern vitale Wirtschaftszweige. Rund 60 Vollerwerbs-

In Pellworms Hafen Tammensiel liegen Krabbenkutter und Sportschiffe einträchtig beieinander.

Krabbenkutter mit weit ausholendem Fanggeschirr und trichterförmigen Netzen gehören zum typischen Bild am Wattenmeer. Ihre Beute, die Krabben genannten Garnelen, sind lebend so grau wie das Watt. Noch auf See gekocht, bekommen sie die bekannte rotbraune Farbe.

Im äußersten Westen Pellworms steht gleich hinter dem Deich die Kirche St. Salvator. Ihre Turmruine dient der Schifffahrt bis heute als Landmarke.

Special

Geschichte

Rungholt – Legende und Wirklichkeit

Manchmal ist in windstillen Nächten vor Pellworm und Nordstrand ein Läuten zu hören, und ein Wehklagen zieht durch die dunkle Nacht – Klänge aus dem versunkenen Rungholt. Hätten die vom Glück verwöhnten Bewohner in ihrem Übermut nicht Gott verhöhnt, würde die sagenumwobene Stadt noch stehen, es gäbe keine Halligen, und die „grote Mandränke", die Sturmflut 1362, hätte nicht stattgefunden. So hörte es der Dichter Detlev von Liliencron, 1882 Hardesvogt auf Pellworm, von den Insulanern – und schrieb flugs eine seiner schönsten Balladen, vom norddeutschen Rockmusiker Achim Reichel 1978 vertont. Man mag die Legende glauben oder nicht – Rungholt gab es. 1361 wurde die Stadt in einer Handelsvereinbarung mit Hamburger Kaufleuten erwähnt, 1636 noch vom Husumer Kartografen J. Mejer verzeichnet. Als sich 1920 die Strömung im Watt änderte, gab die See erste Spuren frei: Scherben von Töpfen und Krügen, Reste von Schleusen und Pfählen. Zeugnisse von Rungholt? Die Suche geht weiter. Einige Funde zeigt der frühere Fischer Helmut Bahnsen in seinem Rungholt-Museum. Das Schicksal Rungholts und der vielen in Jahrhunderten untergegangenen Dörfer ist Anlass für die „Rungholttage" im August auf Nordstrand (www.rungholt-gesellschaft.de).

Helmut Bahnsen in seinem Museum

betriebe mit Milchvieh, Schafen und Bullenmast gibt es auf Pellworm, 15 Prozent davon sind Öko-Landwirte. Im Mai lassen die Rapsfelder die Insel gelb leuchten, im Sommer die wogenden Weizenfelder. Die Fischer holen Garnelen, Seezungen und Meeräschen aus den Netzen; von März bis November fahren die sechs Krabbenkutter aufs Meer hinaus. Am Kai wird ihr Fang gleich vom Kutter verkauft.

Mit der Einrichtung des höchsten Standesamts Deutschlands im Pellwormer Leuchtturm, der auf 127 Eichenpfählen im Süden der Insel ruht, begründete der Standesbeamte Dieter Clausen 1998 Pellworms Ruf als Hochzeitsinsel. Ein kleines Stück weiter drehen sich mächtige Windräder. Umweltbewusste Energieerzeugung ist auf der grünen Insel nicht nur politischer Wille, sondern auch profitabel: Im Hybridkraftwerk bei Tammensiel werden jährlich 1,5 Millionen Kilowattstunden Strom aus Wind und Sonne erzeugt und ins Netz eingespeist. „Ökologisches Wirtschaften" ist auch das oberste Anliegen eines gleichnamigen Vereins, der nachhaltige Konzepte für die Landwirtschaft, die Energieerzeugung und den Fremdenverkehr entwickelt und die Insel zur Jahrtausendwende zum Projekt der deutschen Weltausstellung machte.

Die Nordstrander Töpferei in Süden arbeitet nach alten Vorbildern.

Süderhafen war ein Jahrhundert lang Nordstrands Tor zur Welt – bis der Damm durch die Nordstrander Bucht gebaut wurde.

Nordstrands Altkatholische Kirche St. Theresia am Osterdeich in Süden erinnert an die „niederländischen" Zeiten.

Buchstäblich oben: Höher als auf dem Deich geht es nicht.

DER BELTRINGHARDER KOOG WURDE ZUM GRÖSSTEN NATURSCHUTZGEBIET DES SCHLESWIG-HOLSTEINISCHEN FESTLANDS ERKLÄRT – UND MACHTE NORDSTRAND ZUR HALBINSEL.

UNGELIEBTE HOLLÄNDER

Hinüber nach Nordstrand braucht die Fähre 35 Minuten. Anders als auf Pellworm, wo nach der großen Sturmflut die Bewohner ihre Insel selbst neu eindeichten, hatte Nordstrand eine Landflucht erlebt – die Bewohner flüchteten bis in die Uckermark. Um die nahezu verwaiste Insel zu erhalten, unterschrieb der Gottorfer Herzog Friedrich III. 1652 den ersten „Oktroy" Nordfrieslands. Dieser Freibrief sprach dem Brabanter Deichgrafen Quirinius Indervelden weitreichende Rechte auf der Insel zu, sollte er sie erfolgreich vor dem Zugriff des Meeres schützen. Als neuer Eigentümer waren Indervelden und seine katholischen Deichbauern aus den Niederlanden über Jahre von allen Abgaben befreit und oberste Herren von Gericht, Polizei, Kirche und Verwaltung. Die verbliebenen Insulaner empfingen die neuen Bewohner mit Ablehnung. Ihre Proteste jedoch blieben fruchtlos. Denn: „Wer nich will dieken, der mutt wieken" – wer nicht deichen will, muss weichen, so lautet seit jeher die harte Wirklichkeit an der Küste. Und die neuen Herren waren erfolgreich: 1654 wurde als erster der heutige Alte Koog eingedeicht, und mit dem 1691 als letztem fertiggestelltem Neukoog war der größte Teil der Insel wieder flutsicher trockengelegt.

Erst mit dem französischen Grafen Jean Henri Desmercières wendete sich das Schicksal der Einheimischen. Der Blaublüter, der in Dänemark Karriere als Konferenzrat gemacht hatte, ließ 1768 den Elisabeth-Sophien-Koog eindeichen. Das neu gewonnene Land vergab Desmercières günstig an die Insulaner, die so wieder Einfluss in ihrer eigenen Heimat gewannen.

Der Oktroy jedoch blieb insgesamt 200 Jahre, bis zur Einführung der Preußischen Gemeindeverfassung nach dem Deutsch-Dänischen Krieg 1864/1865, in Kraft. Durch sie wurde der Küstenschutz – und seine Finanzierung – zur Staatsaufgabe. Die veralteten Stakdeiche mit ihrem Pfahlbollwerk wurden an der Seeseite durch Rasendeiche mit modernem, flachem Profil ersetzt. Landsicherung und Landgewinnung gingen weiter – bis zum 1987 geschlossenen, wie viele der baulichen Maßnahmen zwischen Küsten- und Naturschützern heftig umstrittenen Beltringharder Koog, der große Wattflächen unwiederbringlich zerstörte. Als Ausgleich für die massiven Eingriffe in die Wattenmeernatur wurde er zum größten Naturschutzgebiet des schleswig-holsteinischen Festlands erklärt – und machte Nordstrand zur Halbinsel. Doch ein „Inselgefühl" hat sich Nordstrand bis heute bewahrt.

Lamm

GEHEIMTIPP VOM DEICHGRÜN

Sie sind im Küstenschutz unverzichtbar, geschätzt als Fell- und Woll-Lieferant – und für Gourmets ein Hochgenuss. Gründe genug also, um sie alljährlich von Mai bis Juli in den Mittelpunkt der Nordfriesischen Lammtage zu stellen, die auch auf den Inseln gefeiert werden.

Mutter und Kinder auf nordfriesischer Salzwiese – wer viel für den Küstenschutz leistet, muss auch mal ruhen dürfen.

Das ganze Jahr hindurch sind sie weiße Tupfer in der grünen Landschaft: die Schafe und Lämmer, die auf den Nordseedeichen weiden. Doch Nordfrieslands Schafe sind mehr als nur hübsche Fotomotive. 130 000 Mutterschafe verschiedenster Rassen mit unzähligen Lämmern sollen bei den 650 Schafhaltern in Nordfriesland zu Hause sein. Ihre Zahl ist damit nur wenig geringer als die Einwohnerzahl des gleichnamigen norddeutschen Landkreises. Auf den kleineren der Nordfriesischen Inseln haben die Schafe sogar meist die Übermacht – auf Nordstrand beispielsweise beträgt das Verhältnis von Mensch zu Schaf eins zu fünf!

Lammprodukte machen gute Laune: Arnold Baudewig von der Nordstrander Schlachterei Burmeister.

DIE DEICHPFLEGER

Bis heute sind Schafe auf den Inseln und auf dem küstennahen Festland ein wichtiger landwirtschaftlicher Faktor. Von Südwestasien, wo die Schafzucht vor rund 4000 Jahren ihren Ursprung hatte, begannen die Schafe ihre viele Jahrhunderte währende Wanderung über Persien und das Zweistromland nach Europa. In Nordfriesland gehörten sie wahrscheinlich von Anfang an zur Tierhaltung. Doch erst vor etwa 100 Jahren erkannte man ihren Nutzen bei der Deichpflege und damit auch im Küstenschutz. Vom Frühjahr bis in den Herbst übernehmen die Tiere im Vordeichland die Aufgabe eines „Rasenmähers“ und halten das Gras kurz. Gleichzeitig treten die Schafe das Wurzelwerk der Begrünung fest, verdichten den Boden und düngen ihn mit ihrem Kot. „Diesen dreifachen Nutzen, der die Deiche stabilisiert und die Küstenschutzlinie sturmflutsicher macht, kann keine Maschine bieten“, sagt Hans-Werner Baumbach, dessen Familie seit mehr als 100 Jahren auf Nordstrand eine Schäferei betreibt.

WIE DIE KÄFER AUF DEM RÜCKEN

So autark sie auf den Deichen auch wirken mögen, selbst Schafe brauchen gelegentlich ein wenig Hilfe. Denn wenn einem Schaf die Sonne auf die Wolle brennt, legt es sich gern einmal nieder. Steht es bei dieser Aktion jedoch auf einer unebenen Stelle, landet es nicht wie geplant auf der Seite, sondern auf dem Rücken – alle vier Beine gen Himmel gestreckt. Aus dieser Zwangslage kann sich kein Schaf selbst befreien, denn mit all der Wolle, die das Körpergewicht um ein Vielfaches erhöht, kommt das Tier ohne fremde Hilfe nicht mehr auf seine vier Beine. Unter den Einheimischen ist das Schafsdrehen daher noch immer erste Bürgerpflicht. Schließlich droht ohne die fremde Hilfe der Tod – in Rückenlage drückt der schwere Pansen so stark auf das Zwerchfell, dass Schafe daran innerhalb von nur zehn Minuten ersticken können.

»DIESEN DREIFACHEN NUTZEN, DER DIE DEICHE STABILISIERT UND DIE KÜSTENSCHUTZLINIE STURMFLUTSICHER MACHT, KANN KEINE MASCHINE BIETEN.«

Mit grünen Bohnen serviert, ist Lammfilet ein kulinarischer Klassiker.

DELIKATESSE VON DER SALZWIESE

Die würzigen Salzgräser auf Deichen und Weiden sind für die Schafe die reinste Delikatesse – und verleihen Nordfrieslands Nationalgericht seinen unvergleichlichen Geschmack: dem Salzwiesenlamm. Sein zartes, aromatisches Fleisch, das seit Jahrzehnten französische Gourmets schwer begeistert, lässt inzwischen zunehmend auch die Herzen der deutschen Feinschmecker höher schlagen. Aber es hat nicht nur viel Aroma, es ist zudem ausgesprochen gesund: Salzwiesenlammfleisch enthält eher wenig Fett, aber viel hochwertiges Eiweiß. Das liegt an der nordfriesischen Heimat der Schafe. Die bis zu 45 Kilogramm schweren Jungtiere, geschlachtet in einem Alter zwischen drei und zwölf Monaten, verbringen ihr kurzes Leben ausschließlich draußen, im milden Reizklima der Nordsee – und können beim Herumlaufen auf den Wiesen und den ausgedehnten Deich- und Vorlandflächen reichlich wunderbar zartes und schmackhaftes Muskelfleisch aufbauen.

LAMMTAGE

Wie vielfältig Lammfleisch zubereitet werden kann, davon können sich Besucher am besten zu Zeiten der Nordfriesischen Lammtage überzeugen. Sechs Wochen lang verwöhnen in dieser Saison mehrere Dutzend Restaurants der Region ihre Gäste mit köstlichen Lammgerichten – und Beilagen, die zu entdecken sich ebenfalls lohnt. Wellem Peters, Küchenchef der urigen „Seekiste“ in Nebel auf Amrum, garniert seinen nordfriesischen Salzwiesenlammrücken zum Beispiel mit einem Gemüse, das ebenso ungewöhnlich wie landestypisch ist: Queller. Der dickfleischige „Spargel der Friesen“, der auch als „Meerfenchel“ auf den nordfriesischen Speisekarten zu finden ist, wächst auf Amrum – wie überall woanders in der Region auch – auf den Wattwiesen und schmeckt, ob roh, angebraten oder blanchiert, salzig.

Fakten & Informationen

Zu den renommierten Schäfereien der norddeutschen Westküste gehört die **Schäferei Baumbach** (Pohnshalligkoogstraße 1, 25845 Nordstrand, Tel. 04842 495, www.lammfleisch.de) auf Nordstrand, gleich hinter dem Festlandsdamm. 300 Schafe beweiden dort den Außendeich, 450 Lämmer werden hier jedes Jahr geboren. Alles rund ums Lamm gibt es ganzjährig im Hofladen: frisches Lammfleisch, Lammwurstwaren und von Mai bis Oktober auch frischen Schafs- und Ziegenkäse – pur, in Öl oder mit Kümmel oder Dill verfeinert. Wie vielfältig die Wolle der Schafe genutzt wird, zeigt sich beim Stöbern im großen Speicher: Neben kuscheligen Schaffellen liegen hier warme Wollsocken, Filzwaren – und Seife, die dank des enthaltenen Wollwachses Lanolin die Haut nicht austrocknet.

Landschaftspfleger bei der Arbeit: Dieser Anblick gehört in Nordfriesland zum Alltag (hier: Pellworm).

Maßstab 1:65.000
0
1km
Pellworm
Pellworm-
plate
Rungholtsan
Ochsensand
Fuhle Schlo
Hooge (III-X)
Wattenweg nach Süderoog Nur mit Führung!
Halligfahrten
Südosthörn
Wattführungen
Buphever
Bupheverweg
koog
Kleiner
Norderkoog
Grüner Deich
Norderhafdeich
Großer Norderkoog
Momme-Nissen-Haus
Moordamm
Vogelkoje
Kraienhörn
Utermarker-
koog
Bremen
Utermarker-mitteldeich
Tammensiel
Dampferschuppen
Johanneshörn
FKK
Nordermühle
Schiffsausflüge
Hundestrand
Hooger Fähre
Schluthweg
Johann-Heimreichs-Koog
Waldhusen
Waldhusen hof
Norder-mitteldeich
Westermühle
Kleiner Koog
Parlament
Schardeich
Hillingenwarft
Solar- u. Wind-kraftanlage
Nationalpark-Station
Junkernhallig
Mittelster Koog
Klostermitteldeich
Alte-Kirchs-Chaussee
Gurde
PelleWelle
Ostersiel
Kurzentrum
St. Salvator
Neue Kirche
Seegarden
Alte Kirche
Alter Koog
Tüter land
Junkersmitteldeich
Süderwisch
Ostertilli
Westertilli
Freizeithalle
Kaydeich
Süder-mitteldeich
Jugendhof
Süder
koog
Tammwarft
Rungholtmuseum
Oster-schütting
Wester-schütting
Wester-koog
Hundestrand
Süderkoogweg
Schmerhörn
Hunnenkoog
Unjehörns-mitteldeich
Hölle
Uthörn
1

Beltringharder Koog
Holmer See
Wobbenbüll
Vobbenbøl
Alternativ
NSG
Womoland
Längs-Pohns
Tränke
Pohns-
weg
hallig-
hallig
Schaapsdrift
koog
Straße
Mettgrun
Oben
Elisabeth-
Sophien-
Koog
Windpark
Hüttenweg
Edomsharder Weg
Morsum
Norderhafen
Mitteldeichshörn
Osterkoog
Kiefhuck
Neuer
Weg
Alterkoog
Nationalpark-Station
Seehundbeobachtung
Strucklahnungshörn
Alter-
Mitteldeich
Odenbüll
Chaussee
Oster-
Friesenweg
England
Nordstrand
Vogelkoje
Dickehörn
Hörnstraße
Kreuzweg
koog
Ehrenmal
Am
Süden
Osterkoog
Str.
deich
Neukoog Str.
Morsumkoog Str.
Tegelstraat
koog
Kolonat
Hamm
Chaussee
Fuhlehörn
Westen
Herrendeich
Engländer-
deich
Moor-
Evens-
Neu-
büller
deich
Wattenweg nach Südfall Nur mit Führung!
Lundenberge
Modersloch
Süderhafen
Hevenweg
Kamerun
Püttenweg
Grüner Weg
Reithörn
Grüne Wegshörn
Vogelkoje
Trender-
Trendermarschkoog
marsch
Langerdeich
koog
Chaussee
Am de
Windpark
Dreisprung
Wehl
Sand
Wattführungen
Hallig Südfall
Nationalpark-Station
2

ZU BESUCH AUF DEN BEIDEN STILLEN

Pellworm und Nordstrand entstanden in einer einzigen Sturmnacht, die bis heute ins kollektive Gedächtnis der Bewohner eingebrannt ist. Seither ist hinsichtlich des Küstenschutzes viel geschehen, und so können beide „Inseln" ihren Feriengästen sorgenfreien Urlaub garantieren – in einem Land der Schafe. Nicht ohne Grund feiert man auf Nordstrand vor allem die Nordfriesischen Lammtage.

Blühendes Rapsfeld – ein typisches Frühsommerbild

1 Pellworm

„Grenzenlose Einsamkeit! Herrlich", schwärmte der Dichter Detlev von Liliencron 1891 von seiner Lieblingsinsel, auf der er 1882/1883 als Deichhauptmann gewirkt hatte. Und noch immer fehlt auf der 37 km² großen Marscheninsel eines: Hektik. Die grüne Insel (1161 Einw.) ist bis heute ein Ort der Beschaulichkeit und Ruhe – und ein ideales Sprungbrett für Ausflüge zu den Halligen, die Pellworm strahlenförmig umgeben. Großräumiger Torfabbau – und dadurch verursachtes tief liegendes Land – hatte es 1634 der Burchardiflut erleichtert, die Insel Strand zu zerschlagen. Ihr Westteil wurde zu Pellworm.

SEHENSWERT

Wahrzeichen Pellworms ist die **Alte Kirche St. Salvator** (1200) im Alten Koog im Westen der Insel. 1611 stürzte die Osthälfte des urspr. 52 m hohen Kirchturms ein. Im Innern birgt das Gotteshaus neben einem Altar und einer Bronzetaufe aus dem 15. Jh. ein Kleinod: Schleswig-Holsteins einzige Arp-Schnitger-Orgel (1711), auf der in der Saison regelmäßig Orgelkonzerte stattfinden. Die **Neue Kirche** im Großen Koog erhielt erst 1621/1622 ihren heutigen Standort. Ihr Inventar stammt zumeist aus den 1634 zerstörten Alt-Nordstrander Kirchen. Der Pellwormer **Leuchtturm** (1907, 41,5 m) entstand zeit- und weitgehend baugleich mit zwei weiteren Leuchttürmen in Nordfriesland: Westerheversand auf Eiderstedt und Hörnum auf Sylt. Sie wurden allesamt aus rund 700 gusseisernen Teilen errichtet und werden von 16 400 Bolzen und Schrauben zusammengehalten. Heute ist der Turm an der Südküste nicht nur bei Ausflüglern beliebt, die die Fernsicht genießen, sondern auch bei Brautpaaren. Am Bekstrom nördl. von Seegarden betreibt E.ON Hanse das größte **Hybridkraftwerk** Europas. Wie mithilfe neuer Technologien aus der Sonne, die hier besonders häufig scheint, und den Küstenwinden der kalten Jahreszeit seit inzwischen mehreren Jahrzehnten CO_2-freier Strom produziert wird, erfahren Besucher im Infozentrum. Das 1983 errichtete Hybridkraftwerk soll in den nächsten Jahren um ein Wasserstoff- und Brennstoffzellensystem ergänzt und zum Tribridkraftwerk erweitert werden. In der **Vogelkoje** im Nordosten wurden 1905–1946 Enten und Gänsen gefangen – heute kann man dort spazieren gehen und die Anlage auf Führungen des Vereins für Naturschutz und Landschaftspflege „Mittleres Nordfriesland" (Tel. 04846 259) kennenlernen.

MUSEEN

Im **Rungholtmuseum** des Heimatforschers und Hobby-Archäologen Hellmut Bahnsen lassen sich die Spuren der rund um Pellworm untergegangenen Siedlungen entdecken (Westerschütting 2, Tel. 04844 569; Mi. ab 15.00 Uhr). Das **Inselmuseum** in der Tourist-

Tipp

140 Stufen zum Ja-Wort

Auf dem neunten Deck des rot-weiß geringelten Pellwormer Leuchtturms sind Brautleute im siebten Himmel. Seit 1998 haben sich im höchsten Standesamt Deutschlands mehr als 3400 Paare vor Rettungsring, Steuerrad und Anker ihr Ja-Wort gegeben. Ein passender Ort – immerhin stehen diese Seezeichen unübersehbar für Zuverlässigkeit, Kraft und Stärke, Treue und Sicherheit, und das zu allen Zeiten. Immer dabei ist der pensionierte Kapitän Wilfried Eberhard. Er arrangiert das einstündige Beiprogramm, lässt die Schiffsglocke „tuten", teilt Sekt und Glückscent aus und schickt die frisch Vermählten zur ersten Belastungsprobe ihrer jungen Ehe noch einige Treppen höher, hinaus auf den äußeren Leuchtturmring. Der Wind pfeift, doch nach altem Pellwormer Brauch muss das Pärchen jetzt einmal um den Leuchtturmring gehen …

LEUCHTTURM-HOCHZEIT
Wilfried Eberhardt, Schardeich 10, 25849 Pellworm, Tel. 04844 99 08 80, www.leuchtturm-hochzeit.de

Information präsentiert auf kleinstem Raum kompakt die Entstehungs-, Siedlungs- und Kulturgeschichte der Insel (Uthlandestraße 2; April–Okt. Mo.–Do. 8.00–12.00, 14.00–16.00, Fr. 8.00–12.00, sonst Mo.–Do. 8.00–12.00, 14.00 bis 16.00 Uhr). Flora und Fauna des Nationalparks präsentiert die **Schutzstation Wattenmeer** in ihrem naturkundlichen Informations- und Erlebniszentrum. In Aquarien sind heimische Meeresbewohner zu sehen (Villa Wattwurm, Osterschütting 9, Tel. 04844 760, www.schutzstation-wattenmeer.de; Mo.–Sa. 10.00–13.00, 14.00–17.00, So. 14.00–17.00 Uhr).

AKTIVITÄTEN

Hauptattraktion des **PelleWelle Freizeitbads** ist die 62 m lange Wasserrutsche (Uthlandestraße 6, Tel. 04844 99 04 49, www.pellworm.de/aktivitaeten/schwimmen-auf-der-nordseeinsel; Mo. 10.00–16.00, Di.–So. 14.00–20.00 Uhr). Beim **Krabbenfischen** mit der „de Puuk" wird wie in früheren Zeiten in den Prielen mit dem Fangnetz nach Krabben gefischt (Info: Tourist-Information). Südw. liegt **Süderoog**, die kleinste der ganzjährig bewohnten Halligen (außerhalb des Kartenausschnitts, s. Karte S. 112); die naturkundlichen **Wattwanderungen** dorthin (4 km) begleiten Führer der Schutzstation Wattenmeer (Villa Wattwurm, www.schutzstation-wattenmeer.de, s. oben). An der Hooger Fähre beginnen **Bootsausflüge** zur Hallig Norderoog und nach Norderoogsand.

Tipp

Brieftransport im Watt

Das Wattenmeer ist seine Heimat: Zweimal pro Woche trägt Knud Knudsen die Post für die Bewohner der kleinen Hallig Süderoog 7 km zu Fuß durchs Watt. Auf diesem Weg nimmt Deutschlands einziger Wattpostbote auch kleine Gruppen mit – pro Strecke dauert die Tour anderthalb Stunden.

INFORMATION

Kur- und Tourismusservice,
Uthlandestraße 2, 25849 Pellworm,
Tel. 04844 189 40, www.pellworm.de

Schafe grasen auf Nordstrands Deich (oben). Stimmungsvoll geht es per Kutsche zur Hallig Südfall (rechts).

RESTAURANTS

Die einstige Kneipe **Hafen-Pub** hat sich in den letzten Jahren zu einem geschätzten Speiselokal gewandelt, das neben Krabbenspezialitäten, Fisch und Fleisch auch vegetarische und vegane Gerichte auf der Karte führt (Tammensiel 4, Tel. 04844 12 09, www.hafen-pub.de). Das beliebte Gasthaus Hooger Fähre hat ein Feuer im Dezember 2019 völlig zerstört. Der Wiederaufbau ist geplant. Bis dahin munden Krabben und Lamm im Hotelrestaurant **Zur Alten Kirche**. Die Spezialität auf der Karte ist Graugansbraten (Alte Kirche, Tel. 04844 78 41 00, www.nordseelodge.de/restaurant).

VERANSTALTUNGEN

Mit dem **Biikebrennen** am 21. Feb. beginnt der Festkalender. Im Juni oder Juli gibt es auch hier **Ringreiter-Wettbewerbe**. Bei den **Pellwormer Rosentagen** (Juni) öffnen sich die Pforten privater Gärten. Touristisch ist das **Hafenfest** (Aug.), für Freizeitsportler ist der **Triathlon „Trifun"** (Aug.) gedacht.

INFORMATION

Kur- und Tourismusservice,
Uthlandestraße 2, 25849 Pellworm,
Tel. 04844 189 40, www.pellworm.de

2 Nordstrand

Nordstrand (2196 Einw.) wird von allen Nordfriesischen Inseln noch am stärksten von Landwirtschaft geprägt, ist aber seit der Fertigstellung des Festlanddamms 1934 und der Einrichtung des Beltringharder Koogs 1987 keine Insel mehr. Auch Nordstrand (30 km²) entstand 1634 durch die Burchardiflut. Es ist die Heimat von Peter Harry Carstensen, dem ehemaligen Ministerpräsidenten Schleswig-Holsteins (2005–2012).

Das Nordseeheilbad war auch schon Filmkulisse. Für „Der Pfarrer von St. Pauli" (1970) mit Curd Jürgens in der Hauptrolle wurde u. a. im heutigen Landgasthof Herrendeich und am Strandabschnitt Strucklahnungshörn/Norderhafen gedreht. Nach dem beachtlichen Erfolg seines Debütfilms „Bergfest" drehte Florian Eichinger dann im Herbst 2011 mit „Nordstrand" den zweiten Teil seiner Trilogie über familiäre Gewalt.

SEHENSWERT

Auf Nordstrand gibt es die älteste deutsche Gemeinde der Altkatholischen Kirche; sie entstand nach der Einwanderung niederländischer Deichbauspezialisten. Ihr 1662 erbauter Backstein-„Inseldom" **St. Theresia** (Osterdeich 1, www.inseldom.de) steht unter Denkmalschutz. Die römisch-katholischen Gläubigen erhielten erst 200 Jahre später das Recht, auf Nordstrand eine eigene Kirche zu bauen – 1866 errichteten sie ihre Pfarrkirche **St. Knud** (Herrendeich 2). Ältestes Gotteshaus der Insel ist die mittlerweile ev. **St.-Vinzenz-Kirche** in Odenbüll aus dem 13. Jh., die einen spätgotischen Schnitzaltar (um 1480) und eine Kanzel von 1605 birgt; sie ist eine von drei der einst 22 Kirchen, welche die Flut 1634 überstanden.
In der **Vogelkoje** im Alten Koog wurden bis 1965 Enten gefangen (Tel. 04842 90 34 03; Führungen Mitte Mai–Okt. Mi., So. 11.00 Uhr). Vor den Deichen Schleswig-Holsteins, auf den nordfriesischen Halligen und an der Küste Nordstrands erstrecken sich Salzwiesen auf mehr als 10 000 ha; durch diesen einzigartigen Lebensraum, in dem jährlich Hunderttausende Vögel brüten, führt der **Salzwiesenlehrpfad** am Süderhafen (April–Okt.).

MUSEEN

Von der Flut 1634 und anderen Ereignissen der Geschichte berichtet das **Heimatmuseum** (Schulweg 4, Tel. 04842 344; Mitte Juli–Aug. Mo.–Do. 8.00–17.00, Fr. 8.00–12.00, Sept. bis Mitte Juli Mo.–Do. 8.00–12.00, 14.00–16.00 Uhr) im alten Amtsgebäude neben der Tourist-Info. Eine gute Einführung in die Natur des Wattenmeers bietet das **Nationalparkhaus** (Am Kurhaus 27a; Juni–Sept. Mo.–Fr. 10.00–18.00, Sa., So. 9.00–17.00, sonst Mo.–Fr. 14.00–18.00, Sa., So. 14.00–17.00 Uhr).

AKTIVITÄTEN

Leihfahrräder gibt es bei Uhle's Fahrradverleih (Osterdeich 26, Tel. 04842 219, www.uhles-fahrradverleih.de). Geführte **Wattwanderungen** bieten Gabriele und Thomas Kluge (Westen 73, Tel. 04842 90 30 93), Regine Brauer (Westen 35, Tel. 04842 83 60) und die Schutzstation Wattenmeer (Tel. 04842 519) an. Die Hallig Nordstrandischmoor lässt sich auf **Ausflugsfahrten** der

Adler-Schiffe entdecken (04651 987 08 88, www.adler-schiffe.de). Ist das Meer zu kalt, sorgt das **Schwimmbad** für Badespaß (Am Kurhaus 27, Tel. 04842 466; Juni–Sept. 10.00–12.00, 14.00 bis 19.00 Uhr, sonst kürzer).

CAFÉS

Unter dem Reetdach des **Pharisäerhofs** soll 1872 das friesische Nationalgetränk erfunden worden sein (Elisabeth-Sophien-Koog 3, www.pharisaerhof.de). Eine nostalgische Oase ist das **Café Anticus** von Ingrid Buckley, das auch gluten- und laktosefreie Kuchen serviert (Nordermitteldeich 6, Tel. 048449 90 51 64, http://cafe-pellworm.de).

EINKAUFEN

Vorbild der traditionellen Gebrauchskeramik der **Nordstrander Töpferei** im typischen Grau-Blau sind Funde aus dem Watt (Süden 44, Tel. 04842 400, www.nordstrander-toepferei.de). Nach dem Besuch der Töpferei lädt die angeschlossene **Nordstrander Teestuv** zur Teestunde und die Galerie **Lat di Tied** ins kleine Keramikmuseum ein.

VERANSTALTUNGEN

Auch auf Nordstrand flammen am 21. Feb. die **Biike-Feuer** auf. Die **Nordstrander Rungholttage** (www.lust-auf-nordstrand.de; Mai) informieren über die Geschichte der Insel. Der **Skating-Marathon** führt durch den Beltringharder Koog (www.nordfriesland-skating.de; Mai). Dauerbrenner sind die **Nordfriesischen Lammtage** mit großem Programm (www.lammtage.de; Mai–Juli).

UMGEBUNG

Wo vor 1362 das legendäre Rungholt gelegen hat, erhebt sich heute die 56 ha große **Hallig Südfall** TOPZIEL. In der Schutzzone 1 des Nationalpark Schleswig-Holsteinisches Wattenmeer gelegen, darf das Mini-Eiland nur von geführten Gruppen betreten werden (Kutschfahrten und Wattführungen zur Hallig ab Fuhlehörn auf Nordstrand, Auskunft und Anmeldung zu Kutschfahrten bei Werner Andresen, Tel. 04842 300, www.suedfall.de/kutschfahrten.htm; Mai–Okt. 8.00–12.00 Uhr). Auf der einzigen Warft lebt während des Sommers das Ehepaar Erichsen; als Nationalparkwarte sorgen sie für den Natur- und Vogelschutz auf der Hallig, die seit 1959 unter Naturschutz steht.
1987 wurde der neue Deich durch die ehem. Nordstrander Bucht geschlossen. Diese Maßnahme des Küstenschutzes schuf den 3350 ha großen **Beltringharder Koog**, der sich zu einem vom Menschen unbeeinflussten Rückzugsgebiet für rastende und brütende Vögel entwickelt hat. Auf einem interessanten Fuß- und Radweg – seiner Länge wegen ist er besonders für Radler geeignet – kann man das Gebiet umrunden, unterbrochen von etlichen Aussichts- und Informationspunkten.

INFORMATION

Kurverwaltung, Schulweg 4,
25845 Nordstrand, Tel. 04842 454,
www.nordstrand.de

JA **NATÜR** LICH

HOCH ZU ROSS HINAUS INS WATT

Ein eindrucksvolles Erlebnis für Pferd und Reiter ist ein Ausritt in die Weite des Wattenmeers. Ein besonders geeignetes Revier dafür ist Pellworm – dort begleiten auch professionelle Wanderreitführer solche Ausflüge hoch zu Ross.

Los geht es am Leuchtturm, dann gemeinsam im Schritt den Strand hinunter bis zum Flutsaum. Nur zögerlich lassen sich Pferde, die nicht auf der Insel leben, sondern mit den Gästen angereist sind, dazu bewegen, den so fremd erscheinenden Meeresboden zu betreten. Je weiter die Reiter ins Watt traben, umso stärker ist der Drang der Tiere zurück zum Land. Doch auch auf Pellworm gilt: Geritten werden darf im Watt erst in einer Distanz von 400 Metern zum Land.

Nasser Sand unter den Hufen, darüber weiter Himmel: Ausritt ins Watt

Am ersten Priel steht ein Wanderer bis zum Bauch im Wasser. Die Pferde zögern, stapfen dann aber mutig durch die Fluten. Schnell ist das Hindernis überwunden, und weites Watt erstreckt sich bis zum Horizont, lädt ein zum Galopp durch Pfützen und Sand, bis es hoch aufspritzt. Die Pferde genießen den federnden Boden, die Reiter das Gefühl endloser Freiheit. Auf dem Rückweg wird der Priel zum Badepool: Nicht mehr ängstlich, sondern forsch tauchen die Rösser ein ins salzige Nass. Tier und Mensch genießen die Abkühlung, ehe die Gruppe zurück zum Strand trabt – rechtzeitig vor der Flut, die mit überraschender Geschwindigkeit wieder den Wattboden bedeckt.

Reitimpulse
Nancy Petersen, Bi de Kark 13, 25938 Wirxum-Föhr,
Tel. 04681 50 15 88, www.reitimpulse.de

Reitstall Appelhof
Matthias Sielaff und Meike Ruppertz,
Schulstraße 9, 25849 Pellworm, Tel. 04844 224,
www.wattreiten.de

Die Halligen

OASEN IM WATTENMEER

Heißt es „Land unter“, schaffen es die Halligen manchmal sogar in die Nachrichten. Auch wenn hier Telefon, Fernsehen und Internet so selbstverständlich sind wie auf dem Festland: Meist ist es auf den verbliebenen zehn deutschen Eilanden ziemlich ruhig. Das macht sie auch für Urlauber zu einer Besonderheit, selbst wenn kein Sturm das Wasser bis an die Warften peitscht.

Ein Hauch Idylle weht über die Hallig Langeneß – und fast immer eine kräftige bis stürmische Brise.

Mitten auf der Hooger Hanswarft liegt noch der alte Fething.

Die Kirche von Langeneß diente bis 1975 zugleich als Halligschule.

Die Hallig-Rinder sind Sommergäste. Nur während der sturmflutarmen warmen Jahreszeit beweiden sie die saftigen Grünflächen.

Blick in den Pesel, die Gute Stube, des Friesenpesels auf Hallig Hooge

»NIRGENDWO SONST AUF DER ERDE FÜHREN MENSCHEN EIN DERART AMPHIBISCHES DASEIN WIE AUF DEN WELTWEIT EINZIGARTIGEN HALLIGEN NORDFRIESLANDS.«

Jürgen Diedrichsen, Hallig Hooge

Für Theodor Storm waren sie 1871 „schwimmende Träume": die Halligen. Malerisch heben sich ihre grasbewachsenen Hügel – die Warften – aus der Weite des Meeres. Bei Sturmflut sicherten diese künstlichen Hügel, ursprünglich mühsam aus Kleiboden aufgeschüttet und regelmäßig erhöht, das Überleben. Einst gab es mehr als 100 dieser kleinen Eilande im Wattenmeer. Im Gegensatz zu den Nordseeinseln entstanden sie nicht aus einem eiszeitlichen Geestkern, sondern erst nach den beiden Groten Mandränken (Sturmfluten) von 1362 und 1634 aus aufgehäuftem Schlick. Das macht sie weltweit so einzigartig.

Doch was das Meer gegeben hat, nimmt es auch wieder: 1825 zerstörte die „Halligflut" 90 Prozent aller Warften auf den Halligen, 1890 verschwand die Beenshallig südlich von Gröde. Noch heute heißt es auf der Hallig Nordstrandischmoor jedes Jahr rund 30 Mal „Land unter". Erst im frühen 20. Jahrhundert wurde die Bedeutung der Halligen als Wellenbrecher für die Festlandsmarschen erkannt. Hunderte norwegische Findlinge schützen seit den 1960er-Jahren als „Igel" die insgesamt 52 Kilometer lange Hallig-Küste, die daher kaum noch ihre Gestalt und Größe verändert. Angesichts des erwarteten Anstiegs des Meeresspiegels von bis zu 1,2 Metern infolge des Klimawandels werden jetzt auch für die Halligen Sandvorspülungen wie auf Sylt und Föhr vom Umweltministerium des Landes Schleswig-Holstein geprüft.

Nur fünf der Mini-Eilande sind ständig bewohnt: Hooge, Langeneß, Oland, Gröde-Appelland und Nordstrandischmoor. Norderoog, Süderoog und Südfall lassen sich nur im Rahmen betreuter Führungen entdecken. Hallig Habel darf als Vogelschutzgebiet nicht betreten werden.

DITTEN, FETHINGE UND SOOTEN

Wie hart, entbehrungsreich und gefahrvoll das Leben der Halligbewohner war, zeigt das Kapitän-Tadsen-Museum auf Langeneß, das in einem der wenigen erhaltenen Häuser aus dem 18. Jahrhundert beheimatet ist. Bis Mitte des 20. Jahrhunderts hatten die Halligbewohner weder Strom noch fließend Wasser. Da es auf den Inseln kein Holz gab, wurde zum Heizen und Kochen Kuhdung getrocknet und in brikettgroße Ditten geschnitten, zum Trinken Regenwasser gesammelt. Ein tief gegrabener Teich im Zentrum der Warft, Fething genannt, diente als Viehtränke. Für die Menschen wurde der Niederschlag in Sooten gesammelt, Brunnen, die mit Grassoden ausgelegt waren. Erst als die Sturmflut von 1962 sämtliche Süßwasservorräte vernichtet hatte, wurden Wasser-

Hier wird friesisch gesprochen:
Willkommen auf Oland!

Pricken, einfach in den Boden eingespülte Birken,
weisen den Weg in Olands kleinen Hafen.

Der Westteil der Hallig Langeneß – am Horizont rechts
der Kniepsand von Amrum

In dem kleinen Hafen von Hallig Hooge gibt es auch einen Steg für Freizeitkapitäne.

Special

Natur

Wenn die See kommt

Mehrmals im Jahr werden die Halligen vollständig überflutet, „laufen blank". Bei diesem „Landunter", das den Oländer Heimatdichter Wilhelm Lobsien zu seinem populären gleichnamigen Roman inspirierte, ragen nur noch die Warften aus den Fluten.

Fast alle Halligen besitzen heute rund um die auf 5,5 Meter erhöhten Warften Sommer- und Ringdeiche. So konnte die Zahl der schweren Überflutungen auf Hooge beispielsweise auf zwei bis drei pro Jahr gesenkt werden. Doch die großen Eindeichungsprojekte vor den Festlandmarschen wie der Beltringharder Koog haben für immer höher auflaufende Sturmfluten auf den Halligen gesorgt.

Landunter hat aber auch seine guten Seiten, denn bei jeder Überflutung werden neue Sedimente auf dem Halligboden abgelagert. Die Hallig wächst dadurch weiter in die Höhe – und der Boden erhält neue

Nährstoffe, die für den Erhalt der ursprünglichen Vegetation wichtig sind: den der Salzwiesen. Und längst ist Landunter auch ein touristisches Ereignis geworden. Mit zwei Webcams können Halligfreunde auf dem Internetportal www.halligen.de Halligleben und ein Landunter erleben – ohne nasse Füße zu bekommen.

leitungen zum Festland gelegt. Neue Bauten, die ein zentrales, tief in der Warft verankertes Betongerüst und einen Schutzraum im Dachgeschoss haben, ersetzten die zerstörten Häuser.

Ernährt wurde sich von dem, was die Natur ringsum hergab. Die Halligbewohner sammelten Wildpflanzen und Vogeleier und züchteten Vieh auf der Allmende. Denn das Land war Gemeineigentum und wurde alljährlich neu aufgeteilt. Privatland gab es für die Halligbewohner erst ab den 1930er-Jahren, als die Größe der Halligen nach Ausbau der Befestigungen nicht mehr abnahm. Einzig auf Gröde blieb die traditionelle Landnutzung bis heute erhalten.

Während die überwiegende Zahl der Halligbauern durch den ständigen Landverlust zunehmend verarmte und viele Fischer unter dem Ausbleiben der großen Fischschwärme litten, erlangten im 17. und 18. Jahrhundert einige wenige Halligbewohner beim Walfang und in der Handelsschifffahrt beträchtlichen Wohlstand. Zeugnisse wie der Königspesel auf Hooge, ein reich geschmückter Raum für besondere Anlässe, zeugen von diesen Zeiten.

EINE LOHNENDE INVESTITION

Heute sorgt der Tourismus für gutes Einkommen. Ausschließlich von der Landwirtschaft lebt kein Halligbauer mehr.

Das Watt lässt sich zu Fuß oder bequemer von einer Kutsche aus erleben.

Zu Fuß bringt der gebürtige Pellwormer Knud Knudsen die Post zur Hallig Süderoog.

Nach Nordstrandischmoor kommen Gäste und Gepäck per Lore.

Das Fahrrad ist *das* Hallig-Verkehrsmittel nicht nur auf Hooge – hier bei der Kirchwarft.

Die extensive Weidewirtschaft mit Tieren vom Festland, die in der „Sommerfrische" auf den Halligen grasen, wird nur noch von wenigen betrieben – fast jeder Halligbewohner hat mittlerweile ein Zweiteinkommen im Natur- und Küstenschutz.

In der Halligwelt liegen auch die Wurzeln der 1962 gegründeten Schutzstation Wattenmeer. Die größte gemeinnützige Naturschutzorganisation an der nordfriesischen Küste errichtete im Biggerhus auf der Hooger Volkertswarft das erste Infozentrum. Erhalt und Förderung des lokalen Kulturerbes ist das Ziel der 1990 ins Leben gerufenen Stiftung Nordfriesische Halligen. Denn im Wettstreit zwischen Tourismus, Natur- und Küstenschutz ist in den letzten Jahrzehnten bereits viel verloren gegangen von der Einzigartigkeit der Halligwelt mit ihren ständig wechselnden, weichen Übergängen zwischen Marsch und Watt, ihrem Kulturerbe und ihren traditionellen Kulturtechniken. Erst jüngst musste auf Hooge ein Scheetels, eines der letzten Frischwassersammelsysteme, der Vergrößerung einer Warft weichen.

Es wurde viel investiert in den Erhalt dieser einzigartigen Welt – es bleibt allerdings auch noch viel zu tun, damit sich das besondere Leben auf diesen Landtupfern in der Nordsee erhält.

Die schönsten Tagesausflüge

DARF'S EIN BISSCHEN MEHR SEIN?

Alles gesehen? Dann lohnt es sich vielleicht, über den Tellerrand zu blicken: In Schleswig-Holstein und Dänemark gibt es noch einige Attraktionen zu entdecken. Und meist sind sie nur einen Katzensprung vom eigenen Domizil entfernt.

❶ Hochseeinsel Helgoland

Rot ist die Kant, grün ist das Land, weiß ist der Strand – das sind die Farben von Helgoland: Deutschlands einzige Hochseeinsel erreicht der High-Speed-Katamaran „Adler-Express" von Nordstrand, Sylt, Amrum und Föhr in rund zwei Stunden. Es bleibt also genug Zeit, die Hummerbuden am Hafen, den Buntsteinfelsen Lange Anna und das Oberland auf einem 3 km langen Rundweg zu erkunden.

Adler-Schiffe,
Tel. 04651 987 08 88,
www.adler-schiffe.de

❷ Rømø

Nur 35 Minuten braucht die MF SyltExpress, um vom Lister Hafen zur dänischen Nachbarinsel Rømø überzusetzen. Vom Fährort Havneby sind es nur 2 km bis zum Sønderstrand, der mit dem Auto befahren werden darf. Schöner ist jedoch der zweite Autostrand der Insel, Lakolk. Ganz in der Nähe versteckt sich die kleinste und älteste Schule Dänemarks: ein reetgedecktes Häuschen mit einem Stuhl und dem Ständer einer Staffelei. Im Frühling rasten Millionen Stare auf Rømø, später kommen Tausende Gänse.

Rømø-Sylt Linie,
Tel. 0461 86 46 01,
www.syltfaehre.de

❸ Sønderjylland

Etwa eine Stunde braucht der Zug von Westerland ins dänische Tønder (Tondern) mit seinen malerischen Gassen und gemütlichen Cafés wie der „Alten Apotheke". Noch tiefer hinein nach Südjütland geht es günstig mit dem Grenzkieker-Ticket der neg, das für alle Zielbahnhöfe entlang der Bahnstrecke Niebüll–Tønder–Esbjerg gilt. Und damit auch für Ribe, Dänemarks älteste Stadt, die im Schatten ihres berühmten Domes alljährlich Anfang Mai einen großen Wikingermarkt abhält. Wichtig: Ausweis nicht vergessen!

Norddeutsche Eisenbahngesellschaft Niebüll (neg),
Tel. 04661 9 80 88 90,
www.neg-niebuell.de

❹ Nolde Stiftung Seebüll

Blumen in leuchtenden Farben, Nordsee im Abendlicht und weite Landschaften unter dem hohen nordfriesischen Himmel: Emil Nolde, 1867 als Hans Emil Hansen im kleinen Ort Nolde nahe der deutsch-dänischen Grenze geboren, gehört zu den führenden Expressionisten und großen Aquarellisten des 20. Jhs. Auf der Warft Seebüll baute er sich sein Atelier und Wohnhaus, in dem sich heute 170 seiner Meisterwerke bewundern lassen.

Nolde Stiftung Seebüll,
Seebüll 31, Neukirchen,
Tel. 04664 98 39 30, www.nolde-stiftung.de; März bis Nov. tgl. 10.00–18.00 Uhr

❺ Husum

Keine „graue Stadt am Meer", wie Theodor Storm seine Heimat nannte, sondern ausgesprochen liebenswert ist Husum mit seinem Schlosspark, in dem im Frühjahr Millionen Krokusse blühen. Den alten Binnenhafen säumen Giebelhäuser, vom Außenhafen legen Ausflugsschiffe zu den Halligen ab. Alljährlich Ende Sept. treffen sich bei den Pole-Poppenspäler-Festtagen Puppenspieler aus aller Welt in Nordfrieslands Kreisstadt.

Husum Tourismus,
Großstraße 27, Husum,
Tel. 04841 89 87 0,
www.husum-tourismus.de

6 Friedrichstadt

Holland an der Eider: Niederländische Glaubensflüchtlinge waren es, die auf Einladung von Herzog Friedrich III. von Schleswig-Gottorf vor rund 400 Jahren Friedrichstadt erbauten – mit Grachten und Giebelhäusern, Kopfsteingassen im Schachbrettmuster und vielen Brücken. Am schönsten entdecken lässt sich das „Amsterdam des Nordens" auf einer Grachtenfahrt; los geht es an den Landungsbrücken.

Friedrichstädter Grachten- und Treeneschifffahrt, Günther Schröder, Am Markt 17, Friedrichstadt, Tel. 04881 87 63 95, www.grachtenschifffahrt.de

7 Multimar Wattforum

Vom Oberlauf eines Baches über die Gezeitenzone bis in die tiefe Nordsee: Wie vielfältig die Lebenswelt unter Wasser ist, verrät das Multimar Wattforum bei Tönning in 36 Becken. Allein im Wattenmeer-Biotop tummeln sich 280 Arten von Fischen, Krebsen, Schalen- und Weichtieren! Ein tolles Foto: Legen Sie Ihren Kopf in das Maul eines Pottwals, oder lassen Sie Ihre Kinder einmal durch dessen Barten klettern!

Multimar Wattforum, Dithmarscher Straße 6a, Tönning, Tel. 04861 962 00, www.multimar-wattforum.de; April–Okt. tgl. 9.00 bis 18.00, sonst tgl. 10.00 bis 17.00 Uhr

8 Legoland

Seit 1932 begeistern die bunten Bauklötze jung und alt in aller Welt. Direkt neben der Lego-Fabrik eröffnete 1968 das erste Legoland der Welt – heute ein weltberühmter Vergnügungspark aus 20 Mio. Steinen und 50 Attraktionen wie dem Miniland mit Nachbauten weltbekannter Wahrzeichen, dem Piratenland, Polarland, Legoredo Town oder Knights' Kingdom, in dem es nur so wimmelt von Rittern und Prinzessinnen.

Legoland, Nordmarksvej 9, Billund, Tel. +45 75 33 13 33, www.legoland.dk; April bis Okt. tgl. 10.00–18.00 Uhr, Juli, Aug. länger

9 Nordseebad Büsum

„Es war einmal eine kleine Insel. Wilde Wasser kamen und Wolken aus Sand. Männer kämpften mit Wellen und errichteten Wände aus Wiesen. So entstand im Laufe der Jahrtausende Büsum." Fast wie ein Märchen ist auch der Wandel, den das traditionsreiche Nordseebad in den letzten Jahren vollzogen hat. Rund um den Hafen, in dem die Kutter noch immer Büsumer Krabben am Kai verkaufen, gruppieren sich die autofreie Bummel- und Shoppingmeile, Fußgängerzone, das Aquarium und die neue Familienlagune Perlebucht. Wer auf eigene Faust das Nordseebad entdecken möchte: Die Bahn bringt Sie täglich von Westerland in gut zwei Stunden dorthin.

Tourist-Information Büsum, Südstrand 11, Büsum, Tel. 04834 90 91 14, www.buesum.de

10 Flensburg

Der Rum brachte den Ruhm: Im 18. Jh. war das damals dänische Flensborg einer der bedeutendsten Handelshäfen für die Schiffe der Westindien Flotte. Von den karibischen Jungferninseln brachten sie starken Roh-Rum mit, den viele Brennereien verfeinerten. Wie, erfährt man auf der Rum-Route und auf dem Flensburger Kapitänsweg. Und wer Flensburger Rum probieren will, kann im Rumhaus Johannsen in der Marienstraße 6 von Mai bis Sept. jeden Freitag um 16.00 Uhr an den offenen Führungen mit Verkostungen teilnehmen (www.johannsen-rum.de)!

Tourist-Information Flensburg, Nikolaistraße 8, Flensburg, Tel. 0461 909 09 20, www.flensburg-tourismus.de

Nationalpark
Schleswig-
Holsteinisches
Wattenmeer
Föhrer Schulter
Schutzzone I
Föhr
Liinsand
Oldsum
Dunsum
Utersum
Süderende
Westerland
Osterland
Midlum
Oevenum
Alkersum
Borgsum
Nieblum
Wrixum
Witsum
Goting
WYK auf Föhr
Amrumtief
Nordmannsgrund
Amrum
Wittdün
Norderaue
Marschnack
Schweinsrücken
Nordmarsch-Langeneß
Langeneß
Oland
Dagebüll
Dagebüller Fahrwasser
Föhrer Ley
Rocheleysand
Gröde
Gröde-Appelland
Habel
Süderaue
Halligen
Hamburger Hallig
Knudshörn
Japsand
Hooge
Sandshörn
Pellworm
Rummelloch
Norderoog
Norderoogsand
Süderoog
Süderoogsand
Norderhever
Heversteert
Südfall
Korbbakensand
Heverstrom
Mittelhever
Mittelplaten
Süderhever
Moorsteert
Nordstrandischmoor
Holmer Fähre
Rungholtsand
Nordstrand
Nordstrander Watt
Butterloch
Der Strand
Niebüll
Bökingharde
Risum-Lindholm
Langenhorn
Ockholm
Bordelum
Reußenköge
Beltringharder Koog
Elisabeth-Sophien-Koog
Westerhever
Utholm
Osterhever
Poppenbüll
Tümlauer Bucht
Norderfriedrichskoog
1
2
3
4
5
6
Maßstab 1:180.000
0 2 4km

»SCHWIMMENDE TRÄUME«

Zehn kleine Eilande, von der Nordsee um- und manchmal auch überspült: Die nordfriesischen Halligen beruhigen als Wellenbrecher die See, stabilisieren die Wattflächen und sind einzigartige Oasen im Alltagstrubel. Hier gibt es genug Gelegenheiten, sich zu erholen, die Seele baumeln zu lassen, Raum, Zeit und Natur ganz neu zu erleben.

1 Hooge

Die „hohe Hallig" ist mit 5,6 km² die zweitgrößte und am stärksten touristisch geprägte Hallig. Die „Königin der Halligen" ist die am „dichtesten" besiedelte: 95 Menschen leben hier auf zehn Warften. Von jedem Besucher wird als Kurabgabe der umstrittene Halligtaler (1 €) erhoben. Hooge ist mit Blick auf Nachhaltigkeit die erste „Fairtrade"-Hallig.

SEHENSWERT

Das Zentrum von Hooge bildet die **Hanswarft**. Hier vermittelt der **Königspesel** TOPZIEL, eine Friesenstube aus dem 18. Jh. mit alten Möbeln, Gemälden und Fayencen, einen Eindruck von der Wohnkultur begüterter Seefahrer. Den Namen verdankt er einem Besuch des dänischen Königs Friedrich VI., der sich 1825 nach einer Sturmflut selbst ein Bild von den Schäden machte. Als „Land unter" eine Weiterreise verhinderte, übernachtete er in dem 1776 erbauten Haus (Hanswarft 11, Tel. 04849 219, www.hooge.de; April–Okt. 10.00 bis 17.00 Uhr, sonst n. Vereinb.). Was „Land unter" bedeutet, zeigt ein Kurzfilm im **Sturmflutkino** (Hanswarft, www.sturmflutkino.de; in der Saison alle 20 Min.). Im **Uns Hallig Hus** werden die Halligen mithilfe einer Diashow vorgestellt. Auf der **Kirchwarft** steht seit 1637 die **Halligkirche St. Johannis** (Di.–So.). Ihre Sitzbänke stehen auf Sand – so konnte das Wasser nach Sturmfluten schnell wieder ablaufen. Neben der Renaissancekanzel (1743) zeigt eine kleine Tür, die ein Grönlandfahrer auf See geschnitzt hat, eine Walmutter und ihr Junges. Ungewöhnlich wirken die Grabsteine des Friedhofs: Sie sind beidseitig beschriftet – Verstorbene müssen sich aus Platzgründen Grab und Grabstein teilen. Der **NaturErlebnisraum** mit 15 Stationen lädt ein, das Leben auf der Hallig kennenzulernen; sie erläutern die Geschichte der Hallig, Flora und Fauna und die Bedrohung durch Sturmfluten.

Königspesel: Holländische Kacheln und gusseiserne Öfen waren Zeichen des Wohlstands (links). Terrasse des Friesenpesel (rechts)

Tipp

Hallighotel

Wer keine Lust auf Ferienwohnung, Bauernhof oder Pension hat, kann im ersten Hallighotel übernachten: im „Anker's Hörn", dem Vier-Sterne-Kleinod von Familie Karau mit hellen Zimmern, Sauna, Whirlpool und weitem Blick über das Watt.

INFORMATION

Anker's Hörn, Mayenswarft, 25863 Hallig Langeneß, Tel. 04684 291, www.ankers-hoern.de

MUSEEN

Einblicke in das Halligleben gibt das **Heimat- und Halligmuseum** von Hans Holdt mit einer alten friesischen Wohnstube und vielen Wattfunden (Hanswarft; Ostern–Okt. tgl. 10.00 bis 16.00 Uhr, sonst n. Vereinb.). Wattwerkstatt und Gezeitenaquarium gehören zu den Höhepunkten des **Erlebniszentrums Meer & Watt** der Schutzstation Wattenmeer (Hanswarft 2, www.schutzstation-wattenmeer.de; April–Okt. 11.00 bis 16.00 Uhr, sonst n. Vereinb.).

RESTAURANTS

Älteste Gaststube der Hallig ist der **Friesenpesel** mit „guter Stube" (Pesel) von 1746 und alten holländischen Kacheln (Backenswarft, www.friesenpesel.de). Ein gemütliches Café mit gutem hausgemachtem Kuchen ist **Der blaue Pesel** (Backenswarft, www.blauerpesel.de).

VERANSTALTUNGEN

Vom **Biikebrennen** (21. Feb.) über **Sommerfest** (Juli) und **Schleusenfest** (Aug.) bis zum **Trachtensommer** (Sept. in geraden Jahren): Halliggästen wird einiges geboten. Theater bringt die **Hooger Speeldeel** auf die Bühne (Uns Hallig Hus, www.hoogerspeeldeel.de).

EINKAUFEN

Halligkäse bietet der Halligbauernhof an (Hanswarft), **Hallighonig** und **Biowurst** der Binge-Hof (Mitteltritt, www.hallighof.de/bingehof).

ANREISE

Per **Autofähre** ab Schlüttsiel (Wyker Dampfschiffs-Reederei Föhr-Amrum GmbH, Tel. 04681 800, www.faehre.de; bis Schlüttsiel gelangt man von Niebüll aus auch per Bus). Die **Personenfähre Adler Express** verbindet Hooge von März bis Okt. mehrmals tgl. mit Sylt, Amrum und Nordstrand (Adler-Schiffe, www.adler-schiffe.de).

INFORMATION
Hanswarft 1, 25859 Hallig Hooge
Tel. 04849 91 00, www.hooge.de

2 Langeneß

Aus drei Inseln zusammengewachsen ist die 10 km lange und 1 km breite „lange Nase"; mit 9,6 km² ist Langeneß die größte Hallig. Auf 16 Warften leben derzeit 136 Menschen von Landwirtschaft und Tourismus.

SEHENSWERT
Die **Bockwindmühle** auf der **Ketelswarft** ist ein Nachbau, das Original steht seit 1953 im Wyker Museum. Das Getreide mussten die Halligbewohner auf dem Festland oder auf Föhr kaufen. Die **Kirche** auf der **Kirchwarft** wurde 1894 erbaut. Im Westen von Langeneß steht seit 1902 auf der Peterswarft der 11,5 m hohe **Leuchtturm** Nordmarsch.

MUSEEN
Aufwendige Decken- und Wandmalereien, mehr als 1600 holländische Fliesen mit Motiven aus dem Alten Testament sowie ein Fliesentableau mit Segelschiff gehören zu den Schätzen des **Kapitän-Tadsen-Museums**. Tade Volkerts, Kapitän in holländischen Diensten, hatte das Haus mit dem halligtypischen Schweifgiebel 1741 auf der **Ketelswarft** erbauen lassen (www.museen-sh.de; Ostern–Okt., Führung Mo.–Sa. 13.30 Uhr). Die **Friesenstube** auf der **Honkenswarft** ist ein typisch friesischer Wohnraum mit blauen Wandfliesen und Wandbett (www.honkenswarf.de/museum; Führungen Di., Do. 10.30 Uhr sowie nach Ankunft der Ausflugsschiffe). Im benachbarten reetgedeckten **Käte-Gerdsen-Haus** (1725) erinnern Ausstellungen an die Salztorfgewinnung und an den Langeneßer Kapitän Boye Petersen, der 1902 das Kommando auf dem Fünfmast-Vollschiff „Preußen" übernahm, einst schnellstes Schiff der Welt (Tel. 04684 217, www.museen-nord.de; Führung Ostern–Okt. Mi., Fr. 11.00 Uhr).
Auf der Rixwarft informiert das Infozentrum der **Schutzstation Wattenmeer** über das Salzwiesenbeweidungsprojekt mit Kühen im Einsatz für den Naturschutz sowie den fragilen Lebensraum Wattenmeer (April–Okt. 12.00 bis 15.30 Uhr.)

Tipp

Zwischenstopp

Mehr als 20 000 Ringelgänse rasten für rund zehn Wochen im Frühjahr auf den Halligen Hooge und Langeneß, bevor sie zu ihren sibirischen Brutplätzen weiterfliegen. Während der Ringelganstage im April können Besucher das einmalige Naturschauspiel miterleben und auf Führungen mit Hooger und auswärtigen Vogelkundlern die Besonderheiten des arktischen Vogelzugs kennenlernen.

INFORMATION
Nordsee-Tourismus-Service GmbH,
Postfach 1611, 25806 Husum,
Info-Tel. 04841 89 75 0, www.nordsee tourismus.de, www.ringelganstage.de

AKTIVITÄTEN
Ausflugsfahrten mit Kapitän Uwe Petersen und seiner „Rungholt" führen zu den **Seehundsbänken** (www.halligmeerfahrten.de), naturkundliche **Wanderungen** zur Nachbarhallig Oland, **Wattwanderungen** nach Dagebüll zum Festland. **Fahrräder** leiht man bei Gerhard Karau (Rixwarft, Tel. 04684 95 20 60).

VERANSTALTUNGEN
Auch auf dieser Hallig ist das **Biike-Brennen** (21. Feb.) beliebt, im Sommer der **Museumsmarkt** (Ende Juli/Anf. Aug.).

ANREISE
Die W.D.R. betreibt eine **Autofähre** ab Schlüttsiel (Wyker Dampfschiffs-Reederei Föhr-Amrum GmbH, Tel. 04681 800, www.faehre.de).

INFORMATION
Tourismusbüro der Halligen Langeneß und Oland, Ketelswarft 3, 25863 Hallig Langeneß, Tel. 04684 217, www.langeness.de

3 Oland

Oland ist die älteste Hallig im Wattenmeer und besitzt nur eine einzige Warft. Kirche, Mini-Schule und die 15 Wohnhäuser der 20 Einw. liegen hier um den Fething, in dem früher Schnee und Regenwasser gesammelt wurde, um das Vieh zu tränken. Seit 1925 verbinden Lorengleise das nur 1 km² große, autofreie Eiland mit Langeneß und Dagebüll auf dem Festland.

SEHENSWERT
Die Inneneinrichtung der kleinen reetgedeckten **Kirche** (1824) ist zum Teil aus Vorgängerbauten übernommen, die bei Sturmfluten zerstört wurden. Um 1200 entstanden Taufe und Kruzifix, die aus Eiche geschnitzten Apostelfiguren im 15. Jh., die geschnitzte Eichenkanzel 1620.
Der **Leuchtturm** (1929) wirkt eher wie eine große Laterne, mit 7,45 m Höhe ist er Deutschlands kleinster – und als einziger reetgedeckt.

Reetgedeckte Friesenhäuser auf der Langeneßer Ketelswarft

RESTAURANT
Einziges Gasthaus ist die **Halligstube Kiek In** (Tel. 04667 390); im Sommer werden samstags Grillabende veranstaltet.

ANREISE
Unregelmäßig finden Fahrten mit der „Rungholt" ab Schlüttsiel statt (Kapitän Uwe Petersen, Tel. 04674 14 63, www.halligmeer fahrten.de); viele Vermieter holen Gäste per Lore in Dagebüll ab.

INFORMATION
Tourismusbüro der Halligen Langeneß und Oland, Ketelswarft 3, 25863 Hallig Langeneß, Tel. 04684 217, www.langeness.de

4 Gröde-Appelland

Bis zu 50 Mal pro Jahr heißt es auf Gröde „Land unter" – dann ist das 277 ha große Eiland noch abgeschiedener als sonst. Umso intensiver lässt sich in der mit 9 Einw. kleinsten Gemeinde Deutschlands die Natur erleben – von der Rast der Ringelgänse im Frühjahr über den lila leuchtenden Halligflieder im Sommer bis zu den Stürmen im Herbst und Winter.

SEHENSWERT
Auf Gröde sind alle Häuser reetgedeckt – sie gilt daher als die authentischste Hallig. Die **Kirche St. Margarethen** auf der Kirchwarft, vermutlich die siebte an diesem Standort, wurde 1779 gebaut (Renaissance-Altar, 1592). Zum Gottesdienst kommt – je nach Wetterlage – alle vier bis fünf Wochen der Pastor von Langeneß.

BIS ZU 50 MAL PRO JAHR HEISST ES AUF GRÖDE »LAND UNTER« – DANN IST DAS 277 HA GROSSE EILAND NOCH ABGESCHIEDENER ALS SONST.

JA NATÜR LICH

ANREISE
Bei Hochwasser gibt es unregelmäßig Fahrten mit der „Rungholt“ ab Schlüttsiel (Kapitän Uwe Petersen, www.halligmeerfahrten.de, s. auch Oland). Von dort aus ist die Hallig auch auf einer Wattwanderung zu erreichen.

INFORMATION
Auskunft und Zimmervermittlung durch Claudia Mommsen, Tel. 04674 302, sowie Sabine Kolk, Tel. 04674 14 48, www.groede.de

5 Hamburger Hallig

Die Hamburger Hallig (18 Einw.), heute nur noch eine Halbinsel vor dem Sönke-Nissen-Koog, ist seit 1859 über einen 3 km langen Plattenweg mit dem Festland verbunden. Erst 2002 erfolgte der Stromanschluss. Ihren Namen erhielt die Hallig von den einstigen Eigentümern, Kaufleuten aus Hamburg.

SEHENSWERT
Das **Amsinck-Haus** (www.amsinck-haus.de; April–Okt. tgl. 10.00–18.00 Uhr, auch Fahrradverleih) informiert über die Hallig, ein Lehrpfad hinter dem Vogelwärterhaus über das artenreiche **Vogelleben** des immerhin 550 ha großen Vorlandes, das nicht betreten werden darf. Auf seinen Salzwiesen brüten und rasten Rotschenkel, Austernfischer, Säbelschnäbler, Großer Brachvogel – und während des Vogelzugs bis zu 30 000 Weißwangengänse.

RESTAURANT
Von Juni bis Aug. lädt der nur im Sommerhalbjahr bewirtschaftete **Hallig-Krog** am Fr. zum Lamm-Grillen (www.hallig-krog.de).

ANFAHRT
Einspuriger Damm, für Radfahrer und Fußgänger kostenlos, für Autos mautpflichtig.

6 Nordstrandischmoor

Die auch Lüttmoor genannte Hallig (https://halligen.de/halligwelt/halligen-erleben/hallig-nordstrandischmoor) entstand 1634 in einer Sturmnacht; auf ihren 170 ha wohnen 22 Menschen. Seit den 1930er-Jahren gibt es den von einer Motorlore befahrenen Damm zum Festland; die Fahrt beginnt in Lüttmoorsiel. Eine Besonderheit Lüttmoors zeigt der **Friedhof**: Alle Grabsteine liegen flach in der Erde, um ein Umstürzen bei Flut zu verhindern. Anziehungspunkt für die Tagesgäste, die bei Ebbe über das Watt oder den Damm wandern und bei Flut mit Ausflugsschiffen ab Strucklahnungshörn ankommen, ist der **Halligkrog** auf der Neuwarft von Familie Glienke. Die Scheune ist auch Kinosaal: Ein Kurzfilm zeigt Sturmflutgewalten (Tel. 04842 486).
Die Grund- und Hauptschule auf der Amalienwarft mit nur drei Schülern ist die **kleinste Schule Deutschlands**. Auf dem **Sturmflutpfahl** vor der Schulwarft zeigen Messingstreifen die Höhen der schwersten Fluten.

PADDELTOUR DURCHS MEER

Das Weltnaturerbe Wattenmeer ist nicht nur für Segler, sondern auch für Seekajakfahrer ein faszinierendes Revier. Zum Inselhopping im Paddelboot empfehlen sich besonders die Halligen.

Seekajaktouren in der nordfriesischen Inselwelt sind nichts für Anfänger; selbst erfahrene Kajakfahrer sollten ihre Tour gründlich vorbereiten und alle Rettungs- und Wiedereinstiegsmethoden perfekt beherrschen. Wer lieber begleitet unterwegs ist, kann sich Frauke Rörden-Prang anvertrauen; die Trainerin für Kanuwandersport bricht von April bis Oktober zu Ein- und Mehrtagestouren im Wattenmeer auf. Mitpaddeln können Jugendliche ab zwölf Jahren; in Zweierkajaks paddelt auf Wunsch auch ein Betreuer mit.

Seeluft schnuppern, Salzwasser schmecken und eine Brise in den Haaren spüren – bei Seekajaktouren kommt man dem Wattenmeer so nah wie sonst kaum.

Je nach Tide und Witterung wechseln die Ziele: Mal geht es nach Gröde, Langeneß oder Föhr, dann vorbei an den Seehundbänken nach Amrum oder ab Schüttsiel auf den Japsand, der als einziger deutscher Außensand betreten werden darf. Mal geht es mittags, dann wieder frühmorgens los. Romantisch und gefragt sind die rund vierstündigen Abendfahrten zur Hallig Oland oder um den Gotteskoog – ein Himmel wie auf Noldes Bildern ist dabei garantiert.

Geführte Touren: Seekajak-Faszination Frauke Rörden-Prang, 25899 Niebüll, Tel. 04661 49 90, www.seekajak-faszination.de

Informationen: Hilfreich ist die Website des Landes-Kanu-Verbandes Schleswig-Holstein: www.kanu-sh.de (Stichwort „Seekajak“).

Kartenmaterial: Bundesamt für Seeschifffahrt und Hydrographie (BSH), Karten für die Sportbootschifffahrt, Satz 3013 (Nordfriesische Inseln), Eiderdamm, Helgoland. Der Überblick über die Tiden wird jedes Jahr neu als **Gezeitenkalender** vom Bundesamt für Seeschifffahrt und Hydrographie (BSH) herausgegeben.

HILFREICH & NÜTZLICH

Praktische Informationen für die Reise und einiges Wissenswerte über die Nordfriesischen Inseln haben wir hier für Sie zusammengetragen.

Urlaubsspaß für Groß und Klein am Amrumer Kniepsand bei Norddorf

Anreise

Mit dem Auto: Der wichtigste Fährhafen mit Autoverladung zu den Nordfriesischen Inseln ist Dagebüll. Nach Sylt kommt man ab Niebüll mit dem Sylt Shuttle (Tel. 01806 22 83 83, www.syltshuttle.de) und dem blauen Autozug Sylt (Tel. 01806 25 82 58, www.rdc-deutschland.de).
Mit der Bahn: Westerland auf Sylt wird von der Deutschen Bahn AG angefahren. Endstation für die anderen Inseln ist der Fährhafen Dagebüll, der von der Norddeutschen Eisenbahngesellschaft Niebüll (neg) bedient wird. Die Fahrten sind auf die Fahrzeiten der Fähren nach Föhr und Amrum und der Bahn abgestimmt.
Mit dem Flugzeug: Westerland auf Sylt (www.flughafen-sylt.de) wird von 32 Orten im In- und Ausland angeflogen. Von Wyk auf Föhr fliegt Westküstenflug Lange (www.westkuestenflug.de) nach Sylt, Husum und Flensburg.
Mit der Fähre: Autofähre ab Dagebüll-Mole nach Föhr und Amrum, ab Schlüttsiel (Anreise dorthin auch per Bus ab Niebüll) nach Hooge, Langeneß und Amrum (W.D.R. Wyker Dampfschiffs-Reederei Föhr-Amrum, Wyk auf Föhr, www.faehre.de). Autofähre ab Strucklahnungshörn/Nordstrand nach Pellworm (N.P.D.G. Neue Pellwormer Dampfschiffahrts Gesellschaft, Pellworm, Tel. 04844 753, www.faehre-pellworm.de). Autofähre ab Havneby/Rømø nach List/Sylt (Rømø-Sylt-Linie, Norderhofenden 19, Flensburg, Tel. 0461 86 40, www.frs.info). Emissionsarm bedient die „Liinsand“ während der Saison von Husum aus die Halligwelt und die Nordfriesischen Inseln bis Sylt. Im Winter sind die Schiffe als Elbfähren im Einsatz (Schiffbrücke 15, Husum, Tel. 04841 93 74 61, www.facebook.com/Wattentaxi). Für Fußgänger/Radler gibt es Verbindungen ab Strucklahnungshörn nach Pellworm, zu den Halligen und zwischen Amrum und Sylt (Adler-Schiffe, Boysenstraße 13, Westerland, Tel. 04651 987 08 88, bzw. Hörnstraße 3, Nordstrand, Tel. 04842 900 00, www.adler-schiffe.de).

Auskunft

Überregional: Tourismus-Agentur Schleswig-Holstein, Wall 55, 24103 Kiel, Tel. 0431 60 05 83 (9.00–17.00 Uhr), www.sh-tourismus.de
Regional: Nordsee-Tourismus-Service, Zingel 5, 25813 Husum, Info-Tel. 0484 18 97 50, www.nordseetourismus.de
Vor Ort: s. Infoseiten
Naturschutzorganisationen: Nationalparkverwaltung im Landesbetrieb für Küstenschutz, Nationalpark und Meeresschutz, Nationalpark-Zentrum Multimar-Wattforum, Dithmarscher Straße 6 a, 25832 Tönning, Tel. 04861 96 20 0, www.nationalpark-wattenmeer.de. Schutzstation Wattenmeer, Nationalparkhaus Husum, Hafenstraße 3, 25813 Husum, Tel. 04841 66 85 30, www.schutzstation-wattenmeer.de. WWF Projektbüro Wattenmeer (s. Schutzstation Wattenmeer), www.wwf.de. NABU Schleswig-Holstein, Färberstraße 51, 24534 Neumünster, Tel. 04321 5 37 34, https://schleswig-holstein.nabu.de. Verein Jordsand zum Schutze der Seevögel und der Natur, Bornkampsweg 35, 22926 Ahrensburg, Tel. 04102 3 26 56, www.jordsand.de.

Info

Daten & Fakten

Geografie: Die Nordfriesischen Inseln und Halligen liegen vor der Westküste Schleswig-Holsteins und erstrecken sich von der dänischen Grenze bis zur Halbinsel Eiderstedt. Entstanden ist die Inselwelt durch Naturkatastrophen und Sturmfluten. So war Sylt bis zur Marcellusflut 1362 Teil des Festlands. Pellworm, Nordstrand und die Hallig Nordstrandischmoor entstanden, als 1634 die Insel Strand in drei Teile zerbrach. Heute wird die Inselwelt mit Deichringen, Sandvorspülungen und Granitblöcken gegen die Erosion verteidigt – nicht immer erfolgreich.
Bevölkerung: Auf 17 700 Einw. kommen fast ebenso viele Zweitwohnsitze – auf Sylt wird Wohnraum für Einheimische knapp. Dicht besiedelt sind auch Amrum (2247 Einw.) und Föhr (10 548 Einw.); selbst die Bauerninseln Pellworm (1200 Einw.) und Nordstrand (2215 Einw.) sind nicht mehr menschenleer. Rückgängig ist die Bevölkerungszahl auf den Halligen, die noch 227 Einw. zählen.
Mit der Verabschiedung des Friesisch-Gesetzes (2004) ist die westfriesische Sprache zur zweiten offiziellen Landessprache aufgestiegen und nun sehr präsent. Die Ortstafeln sind zweisprachig, die Sprache wird in der Schule gelehrt, und vielerorts weht die gold-rot-blaue friesische Fahne neben der schleswig-holsteinischen. Jede Insel hat ihre Variante des Friesischen. Auf Sylt heißt sie Sölring, auf Amrum Öömrang, auf Föhr Föhring. Daneben ist in den ländlich geprägten Gebieten der Inseln Platt zu hören.
Wirtschaft und Tourismus: Tragende Wirtschaftssäule der Inseln ist der Tourismus. Groß im Kommen sind im Wattenmeer und auf den Inseln die erneuerbaren Energien (s. S. 33). Kaum noch eine Rolle spielt hingegen die Küstenfischerei. Die Landwirtschaft besitzt nur auf Pellworm und Nordstrand sowie den Marschen von Föhr und Sylt Bedeutung (Getreide, Raps; Viehzucht). Im Deichvorland ist die Schafzucht zugleich eine Säule des Küstenschutzes.
Natur: Der 1985 gegründete Nationalpark Schleswig-Holsteinisches Wattenmeer (4410 km²) umfasst das Wattenmeer zwischen dänischer Grenze und der Elbmündung mit Ausnahme der Inseln und der fünf großen Halligen. Er ist in zwei Zonen unterteilt: Zone 1 ist für Besucher gesperrt; Ausnahmen gibt es nur bei geführten Wattwanderungen auf festen Routen. Der Nationalpark schließt auch ein 1240 km² großes Schutzgebiet für Schweinswale ein, die vor Sylt und Amrum ihren Nachwuchs gebären. Unter Schutz stehen zudem die Kegelrobben, die ihre Jungen im Winter vor der Hörnumer Odde zur Welt bringen. Das Wattenmeer ist das vogelreichste Gebiet in Mitteleuropa. Mehr als 2 Mio. Vögel ziehen hier alljährlich durch, etwa 100 000 Paare brüten auf den Salzwiesen, am Strand und in den Dünen des Nationalparks. 2009 erkannte die UNESCO das Wattenmeer zwischen Den Helder und der deutsch-dänischen Grenze als Weltnaturerbe an.

Ein Anblick wie aus einem Bilderbuch: typische Friesenhäuser in Nieblum auf Föhr

Essen und Trinken

Auf den Nordfriesischen Inseln dominiert Herzhaftes: Fisch, Meeresfrüchte, Schwein, Rind, Lamm, Kartoffeln und Kohl. Mitunter erstaunt jedoch die Zubereitung. Fisch und Fleisch werden ebenso gern kombiniert wie Salziges mit Süßem. Als **Gourmet-Mekka** gilt Sylt: Zwei Sterne schmücken Johannes King und Jan-Philipp Berner vom „Söl'ring Hof" in Rantum. Einen Michelin-Stern gab es 2020 für Holger Bodendorfs Restaurant „Bodendorf's" im Landhaus Stricker in Tinnum und das „KAI3" im Hotel Budersand in Hörnum mit Felix Gabel als Küchenchef. Alexander Pape, einst im Fährhaus Munkmarsch, betreibt in Keitum eine „Bier- und Brotstube". Auf Sylt ist Deutschlands einzige Austernzucht ansässig: „Dittmeyer's Austern-Compagnie". Drei Jahre lang reift die **Sylter Royal** vor List, bis sie 60–90 g schwer ist. Scholle und Seezunge werden gern in Speck gebraten oder mit Krabben serviert; auch Hering und Dorsch stehen häufig auf der Karte. Labskaus schmeckt besser, als es aussieht; dafür werden Fisch (Hering, Stockfisch) und gepökeltes Fleisch mit Kartoffeln und Zwiebeln püriert und mit einem Spiegelei, Roter Beete und saurer Gurke serviert. Eine Spezialität ist Salzwiesenlamm. Der Dessert-Klassiker heißt **Rote Grütze**. Der angedickte Brei aus roten Beeren wird mit (Schlag-)Sahne oder Vanillesauce serviert. Nachmittags schmeckt die **Friesentorte** aus Blätterteig, Pflaumenmus und Sahne. Dazu trinken echte Friesen **Tee** mit Kluntjes (Kandis) und Sahne – die nicht schnöde hineingegossen, sondern vorsichtig hineingelegt wird und so in weißen Wölkchen im Tee schwebt. Zu den hochprozentigen Angeboten gehören **Teepunsch** und **Pharisäer**, die nicht nur köstlich schmecken, sondern auch mit unterhaltsamen alten Geschichten verbunden sind.

Feste und Feiertage

Eine Auswahl der vielen Veranstaltungen:
Januar: Neujahrsbaden am Wenningstedter Strand (www.wennigstedt.de), Neujahrsschwimmen in Wyk (Strand vor dem Wellenbad, www.foehr.de), Gourmet Festival Sylt (www.gourmet-festival-sylt.de; 2. Jan.-Woche)
Februar: Biikebrennen am 21., das nordfriesische Winterfest: Mit Fackeln und Punsch geht es zu den Feuern, danach wird Grünkohl gegessen. In grauer Vorzeit noch eine Huldigung an den Gott Wotan, wurden später so die Walfänger in die Fangsaison verabschiedet.
Mai: Ringreiterturniere (bis Aug.), Nordfriesische Lammtage (bis Juli, www.lammtage.de).
Juli: Kampener Literatursommer (www.kampen.de), Föhrer Literatursommer (bis Anf. Sept., www.foehr.de)
August: Meerkabarett Sylt (www.meerkabarett.de), Jazz goes Föhr (www.foehr.de/jazzgoes foehr)
September: Surf World Cup, Westerland/Sylt (https://windsurfworldcup.de)
Dezember: Weihnachtsmärkte; eine Besonderheit ist der List Danske Jule Market (www.list.de). Weihnachtsbaden am Westerländer Hauptstrand (26.; www.westerland.de). Maskenlaufen an Silvester in Ost-Sylt (www.insel-sylt.de): Kinder klingeln an den Haustüren, wünschen ein gutes neues Jahr.

Sport und Freizeit

Angeln: Mit einem gültigen Fischereischein ist das Angeln in Küstennähe und vom Boot gestattet. Ausgenommen sind Brut- und Rastgebiete in Salzwiesen sowie das Nullnutzungsgebiet südlich des Hindenburgdamms.
Baden: Auf Sylt, Amrum und Föhr gibt es Sandstrände, auf den Marscheninseln Grünstrände (Rasen mit Duschen und Liegeflächen auf dem Deich); einzig auf Nordstrand ist bei Fuhlehörn ein Sandstrand vorhanden. Das Baden ist abhängig von Ebbe und Flut, außer am Sylter Weststrand. Vorsicht: Bei Ebbe ist die Sogwirkung des ablaufenden Wassers so stark, dass selbst geübte Schwimmer ins Meer hinausgezogen werden können! Auf Sylt besteht zudem ein striktes Badeverbot an der Südspitze der Insel und im Norden am Ellenbogen, wo lebensgefährliche Strömungen herrschen.
Fahrradfahren: Die Nordfriesischen Inseln sind ideal für Radfahrer – auch wenn der Gegenwind kräftig bläst. Auf Sylt gibt es inzwischen 200 km Radwege. Markierte Radrouten gibt es auch auf Amrum, Föhr, Pellworm und Nordstrand. Auf Sylt und Föhr verkehren Linienbusse, die Fahrräder mitnehmen. Viele Vermieter bieten inzwischen zudem E-Bikes an.
Golf: Auf Sylt gibt es vier Golfplätze; zu den schönsten gehört der 18-Loch-Platz bei Kampen. Auf dem Platz des Marine-Golf-Clubs (MGC) im Norden des Flughafens können Gastspieler auf 18 Bahnen einlochen. Nur begrenzten Zutritt für Gastspieler gewährt der 9-Loch Platz des Golfclubs Morsum. Jüngste Anlage ist der Links-Kurs Budersand in Hörnum. Auf Amrum gibt es keinen Golfplatz, auf Föhr aber einen 27-Loch-Platz in Nieblum.
Nordic Walking: Der Nordic-Walking-Park Sylt durchzieht mit 26 Routen auf 220 km die gesamte Insel. Die 1,6 bis 18,7 km langen Strecken sind in drei Schwierigkeitsstufen unterteilt. Am Nordic-Walking-Tag Ende Mai begleiten Wattführer und Nordic-Walking-Lehrer die Teilnehmer auf der Watttour von Amrum nach Föhr.
Reiten: Auf allen Inseln laden Reitställe zu Ponyreiten, Reitunterricht und Ausritten ein.
Surfen: Auf Sylt treffen sich die kühnsten Wellenreiter der Welt. Ende Sept. ist der Brandenburger Strand von Westerland Veranstaltungsort des World Cup Sylt. Auch Amrum besitzt zwei Surf-Spots mit Surfschulen vor Ort – am Nebeler Hauptstrand und am Norddorfer Strand. Auf Föhr bietet die Nieblumer Windsurfing-Schule Kurse an. Ein zweiter Surfspot ist der Strandabschnitt 13 bei Utersum.
Wattwandern: Das Weltnaturerbe Wattenmeer lässt sich am sichersten auf geführten Wattwanderungen entdecken. Allein sollte sich niemand hinaus ins Watt wagen. Der häufigste Fehler ist, die Flut zu unterschätzen. Seenebel kann plötzlich auftreten; Gewitter sind eine große Gefahr.

Tipp

Zum Weiterlesen

In **Falscher Hase** lässt Jörn Ingwersen seinen Strandwächter Asche in ein gefährliches Spiel schlittern. Sabine Nielsen hat ihren ersten Roman **Ebbe, Flut und Tod. Das Geheimnis der Schwestern** als Föhrer Familiensaga verfasst. Der bekannteste unter den Nordseekrimiautoren ist Hannes Nygaard, etwa mit **Todesküste, Tod am Kanal** und **Sturmtief**. In Gisa Paulys **Die Tote am Watt** wird eine vermögende Witwe erdrosselt auf Sylt aufgefunden. Auf Amrum spielt der Krimi von Krischan Koch, **Flucht übers Watt**, wie auch **Treibsand** von Christian Uecker. Spannend ist **Insel-Koller** von Reinhard Peltes.
Wer die größte deutsche Nordseeinsel genauer kennenlernen will, konsultiert den **Baedeker Reiseführer Sylt**.

Info

Geschichte

3./1. Jt. v. Chr.: Von Besiedlung zeugen u. a. das Großsteingrab Denghoog (Steinzeit) und die Tinnumsburg (Eisenzeit) auf Sylt, die Reste eines eisenzeitlichen Dorfes auf Amrum sowie Steingräber und Kleinfunde auf Föhr.
7. Jh.: Friesen besiedeln das heutige Nordfriesland und seine Inseln.
8.–10. Jh.: Wikinger bedrängen die Inseln.
12. Jh.: Im Zuge der Christianisierung entstehen Kirchen auf Sylt, Föhr und Pellworm.
13. Jan. 1362: Die Marcellusflut (Grote Mandränke) macht Sylt zur Insel. Rungholt geht unter, Tausende Menschen sterben.
1368: Teilung Sylts. Königin Margrethe I. schenkt dem Herzog von Schleswig den südlichen und mittleren Inselteil, List bleibt dänisch.
11./12. Okt. 1634: Die Burchardiflut zerreißt die Insel Strand in drei Teile.
17./18. Jh.: Mit dem Walfang bricht ein Goldenes Zeitalter an. Dem Niedergang dieses Gewerbes folgt eine Auswanderungswelle.
1819: Wyk auf Föhr wird erstes Seebad Nordfrieslands, es folgen Westerland auf Sylt (1855) und Wittdün auf Amrum (1890).
1848–1866: Spannungen zwischen dem Deutschen Bund und Dänemark führen zum Schleswig-Holsteinischen und zum Deutsch-Dänischen Krieg. Mit Holstein kommen 1867 Schleswig, Amrum, Föhr und Sylt zu Preußen.
1875: Auf Amrum wird der höchste Leuchtturm der deutschen Nordseeküste erbaut.
1896: Die Hallig Oland wird durch einen Damm mit dem Festland verbunden, 1899 auch Nordstrandischmoor und Nordmarsch-Langeneß.
1888: Auf Sylt geht die Inselbahn in Betrieb (bis 1970), 1900–1939 auch auf Amrum.
1899–1902: Verbindung Gröde und Appelland
1927: Über den Hindenburgdamm wird Sylt an das Festland angeschlossen.
1938: Reste des historischen Rungholt werden im Watt gefunden. Eindeichung des Rantumbeckens durch den Reichsarbeitsdienst.
1939–1945: Sylt ist Sperrgebiet.
16./17. Feb. 1962: Nördlich von Hörnum teilt die Flutkatastrophe kurzzeitig die Insel Sylt; fast alle Hallig-Häuser werden unbewohnbar.
1983: Auf Pellworm nimmt die seinerzeit größte Fotovoltaikanlage Europas ihren Betrieb auf.
1985: Gründung des Nationalparks Schleswig-Holsteinisches Wattenmeer, seit 1990 auch UNESCO-Biosphärenreservat.
2002: Butendiek vor Sylt wird als erster Offshore-Windpark vor der Westküste genehmigt (Baubeginn 2013). Genehmigungen für weitere Großanlagen folgen; 2015 wird der Offshore-Windpark DanTysk eröffnet.
2009: Das Wattenmeer wird UNESCO-Weltnaturerbe.
2019: Instandsetzung der Marschbahn Niebüll-Klanxbüll sorgt für Behinderungen.
2021: Das Gesundheitsresort Lanserhof eröffnet auf Sylt – mit dem ersten Tunnel der Insel und dem größten Reetdach der Welt.

Wellness: Jede der drei nordfriesischen Hauptinseln besitzt ein Freizeitbad mit Saunalandschaft – auf Sylt die Sylter Welle und das Syltness Center in Westerland. Auf die Heilkraft des Meeres setzen das ThalassoZentrum von Wittdün/Amrum und das Aquaföhr in Wyk/Föhr. Angeboten werden auch medizinisch geprägte Programme und kassengerechte Kuren.

Unterkunft

Auf den Inseln ist das Angebot an Unterkünften riesig. Nachfolgend eine kleine Auswahl:
Amrum € € € / € € Hotel Hüttmann, Ual Saarepswai 2–6, 25946 Norddorf, Tel. 04682 92 20, www.hotel-huettmann.de. Hotelkomplex mit gutem Restaurant, Wellness, Fahrradverleih, Reitmöglichkeit, Parkplätzen. Nichtraucherhotel.
€ € Mein Inselhotel Madelwai 4, 25946 Norddorf, Tel. 0468 29 45 00, www.mein-inselhotel.de. Frisch, gemütlich, maritim; 15 Nichtraucherzimmer, Spa und feinste Regionalküche.
€ € Seeblick Genuss und Spa Resort, Strunwai 13, 25946 Norddorf, Tel. 04682 92 10, www.seeblicker.de. Ruhige Zimmer, kleines Spa, Regionalküche und Sportsbar.
Föhr € € € / € € Kurhaus Hotel garni, Sandwall 40, 25938 Wyk, Tel. 04681 792, www.kurhaushotel-wyk.de. Villa, vielfach mit Seeblick.
€ € Sternhagens Landhaus, Buurnstrat 49, 25938 Oevenum, Tel. 04681 59 79 0, www.sternhagenslandhaus.de. Friesenhaus mit Restaurant. Rad- und Bootsverleih, Reiten.
€ € / € Duus-Hotel, Hafenstraße 40, 25938 Wyk, Tel. 04681 59 81 0, www.duus-hotel.de. Mitten in der Wyker Altstadt in verkehrsberuhigter Lage. Mit Restaurant und Ausritten.
Hooge € Frerks Buernhus, Lorenzwarft, 25859 Hooge, Tel. 04849 254, www.hallighotel.de. Behagliche Zimmer.
Nordstrand € Am Heverstrom, Heverweg 14, 25845 Nordstrand-Süderhafen, Tel. 04842 80 00, www.am-heverstrom.de. Zimmer teilw. mit Meerblick oder Terrasse. Restaurant, Parkplätze.
Pellworm € Kiek ut, Hooger Fähre 6, 25849 Pellworm, Tel. 04844 90 90, www.nordsee-hotel-pellworm.de. Fahrräder, Reiten, Parkplätze.
Sylt € € € € A-Rosa Sylt, Listlandstraße 11, 25992 List, Tel. 04651 96 75 09 92, www.a-rosa-resorts.de. Luxushotel mit LifeStyle- und Vitalbar und einem Dünenrestaurant. Thalasso, vier Golfplätze, Fitness- und Cardiobereich.
€ € € € Budersand Hotel – Golf & Spa, Am Kai 3, 25997 Hörnum, Tel. 04651 46 07 0, www.budersand.de. Vier Häuser direkt am Meer. Restaurant, 18-Loch-Links-Golfkurs und Spa.
€ € € € Landhaus Stricker, Boy-Nielsen-Straße 10, 25980 Sylt-Tinnum, Tel. 04651 889 90, www.landhaus-stricker.com. Anlage im Friesenstil. Restaurant, Wellness, Reiten.
€ € € € Lanserhof, Werner-Schöne-Straße 333, 25992 List, www.lanserhof.com/sylt. Exklusives Gesundheitsresort, ab 2021.
€ € € € Walter's Hof, Kurhausstraße 23, 25999 Kampen, Tel. 04651 989 60, www.walters-hof.de. Komfortable Apartments. Schwimmbad, Sauna, stilvolles Restaurant mit Terrasse und Bar.
€ € € € Rungholt, Kurhausstraße 35, 25999 Kampen, Tel. 04651 44 80, www.hotel-rungholt.de. Familiär geführt, wenige Minuten vom Strand. Restaurant, Wellness, Reiten, Parkplätze.
€ € € € Söl'ring Hof, Am Sandwall 1, 25980 Sylt-Rantum, Tel. 04651 83 62 00, www.soelring-hof.de. Nobel im Landhausstil, Zwei-Sterne-Restaurant. Wellness, Parkplätze.
€ € € €/ € € € Benen-Diken-Hof, Keitumer Süderstraße 3–5, 25980 Sylt-Keitum, Tel. 04651 93 83 0, www.benen-diken-hof.de. Hofanlage mit Kapitänshüs, Norderhüs und Westerhüs, 43 Zimmer, Studios, Apartments und Junior-Suiten. Wellnessbereiche, Pool, Restaurant und Bar.
€ € € € / € € € Hotel & Restaurant Jörg Müller, Süderstraße 8, 25980 Sylt-Westerland, Tel. 04651 27 788 oder 20 14 71, www.hotel-joerg-mueller.de. Apartments und luxuriöse Zimmer. Kochschule, Wellness, Parkplätze.
€ € € € / € € € Landhaus Severin's Morsum Kliff, Nösistig 13, 25980 Sylt-Morsum, Tel. 04651 460 68 80, www.landhaus-severins.de. Edles Landhaus mit Spa im Naturschutzgebiet.
€ € € € / € € € Strandhörn, Dünenstraße 20, 25996 Wenningstedt-Braderup, Tel. 04651 94 50 0, www.strandhoern.de. Badelandschaft, gutes Restaurant, Wellness, Parkplätze.
€ € € Alte Strandvogtei Garni, Merret-Lassen-Wai 6, 25980 Sylt-Rantum, Tel. 04651 92 25 0, www.alte-strandvogtei.de. Mit Wattblick und Wellness.
€ € € Kamps Hotel & Café, Gurtstich 41, 25980 Sylt-Keitum, Tel. 04651 98 39 0, www.kamps-sylt.de. Strandkorb-Café-Terrasse und Galerie mit zeitgenössischer Kunst.
€ € € / € € Hotel Hof-Galerie, Serkwai 1, 25980 Morsum, Tel. 04651 70 50, www.hotelhofgalerie.de. Kleinod mit 20 Suiten und Spa.
€ € € / € € Reethüüs, Hauptstraße 18, 25999 Kampen, Tel. 04651 98 55 0, www.reethues-sylt.de. Mit Strandkorbplätzen, Sauna, Parkplätzen.
€ € € / € € Watthof, Alte Dorfstraße 40, 25980 Sylt-Rantum, Tel. 04651 80 20, www.watthof.com. Mit Wattblick in die Landschaft eingefügt. Restaurant, Pool, Sauna, Fahrräder, Reiten.

Preiskategorien

€ € € €	Doppelzimmer	über 260 €
€ € €	Doppelzimmer	200 – 260 €
€ €	Doppelzimmer	130 – 200 €
€	Doppelzimmer	80 – 130 €

REGISTER

Fette Ziffern verweisen auf Abbildungen

Impressum

5. Auflage 2021

Verlag: DuMont Reiseverlag, Postfach 3151, 73751 Ostfildern, Tel. 0711/4502-0, Fax 0711/4502-135, www.dumontreise.de
Geschäftsführer: Dr. Stephanie Mair-Huydts, Markus Schneider
Programmleitung: Birgit Borowski
Redaktion: Julia Wilhelm (red.sign GbR, Stuttgart)
Text: Hilke Maunder
Exklusiv-Fotografie: Sabine Lubenow
Titelbild: laif/Lars Berg
Zusätzliches Bildmaterial: S. 3 Hilke Maunder, 8/9 Lookphotos/Daniel Schoenen, 10/11 Lookphotos /Arnt Haug, 14/15 GOSCH Sylt, 22 o. Shutterstock/balabolka, 22 u. l. huber-images/Gräfenhain, 22 u. r. mauritius images/Peter Lehner, 23 o. l. Getty Images/Felix Oberhage, 23 o. r. Lookphotos/Roetting/Pollex, 23 u. l. mauritius images/Uwe Steffens, 23 u. r. vario images/imagebroker, 28 o. l. GOSCH Sylt, 29 Onkel Johnny's, 35 o. DuMont Bildarchiv/Ralf Freyer, 35 u. laif/Ralf Brunner, 37 l. huber-images/Bäck, 38 l. u. huber-images/Hans-Peter Merten, 39 l. mauritius images/Novarc Images, 39 r. laif/Andreas Hub, 42 u. mauritius images/Christian Bäck, 48 huber-images/Gräfenhain, 49 r. Schapowalow, 53 Matthias Jacobsen, 59 Lookphotos/Sabine Lubenow, 63 r. Sabine Lubenow, 64 o. Shutterstock/balabolka, 64 u. l. laif/hemis.fr/Emmanuel Berthier, 64 u. r. laif/Christian Kerber, 65 l. o. Strand 33, 65 l. u. Café Anticus/Ingrid Buckley, 65 r. o. Lookphotos/Sabine Lubenow, 67 r. u. laif/Christian O. Bruch, 68 r. o. DuMont Bildarchiv/K.-H. Raach, 70/71 Sabine Lubenow, 85 l. Föhr Tourismus GmbH/Friedrich Walterscheid, 85 r. Föhr Tourismus GmbH/Folker Winkelmann, 94 Getty Images/f1online/Beate Zöllner, 100 o. l. DuMont Bildarchiv/Ralf Freyer, 101 u. laif/Toma Babovic, 107 u. picture-alliance/dpa/Ino, 108 u. l. laif/Andreas Teichmann, 110 o. l. DuMont Bildarchiv/Toma Babovic, 110 u. l. Lookphotos/Sabine Lubenow, 110 o. r. Shutterstock/balabolka, 110 u. r. DuMont Bildarchiv/Gerald Hänel, 111 l. u. mauritius images/age, 111 r. o. Lookphotos/Rainer Mirau, 111 r. u. laif/Michael Amme, 114 o. huber-images/Udo Bernhart, 115 Getty Images/Ken Wramton, 120 l. laif/Christian O. Bruch, 120 r. picture-alliance/Wildlife, 121 o. l. mauritius images/Uwe Steffens, 121 o. r. picture-alliance/dpa/Carsten Rehder, 121 M. huber-images/Christian Müringer, 121 u. picture-alliance/Ralph Goldmann
Grafische Konzeption, Art Direktion: fpm factor product münchen
Cover Gestaltung, Layout: CYCLUS · Visuelle Kommunikation, Stuttgart
Kartografie: © MAIRDUMONT GmbH & Co. KG, Ostfildern
Kartografie Lawall (Karten für „Unsere Favoriten")
DuMont Bildarchiv: Marco-Polo-Straße 1, 73760 Ostfildern, Tel. 0711/4502-0, bildarchiv@mairdumont.com

Für die Richtigkeit der in diesem DuMont Bildatlas angegebenen Daten – Adressen, Öffnungszeiten, Telefonnummern usw. – kann der Verlag keine Garantie übernehmen. Nachdruck, auch auszugsweise, nur mit vorheriger Genehmigung des Verlages. Erscheinungsweise: jeden zweiten Monat.

Anzeigenvermarktung: MAIRDUMONT MEDIA, Tel. 0711 450 2-0, Fax 0711 45 02 10 12, media@mairdumont.com, http://media.mairdumont.com
Vertrieb Zeitschriftenhandel: PARTNER Medienservices GmbH, Postfach 810420, 70521 Stuttgart, Tel. 0711 72 52-212, Fax 0711 72 52-320
Vertrieb Abonnement: Leserservice DuMont Bildatlas, Zenit Pressevertrieb GmbH, Postfach 810640, 70523 Stuttgart, Tel. 0711 7252-265, Fax 0711 7252-333, dumontreise@zenit-presse.de
Vertrieb Buchhandel und Einzelhefte: MAIRDUMONT GmbH & Co. KG, Marco-Polo-Straße 1, 73760 Ostfildern, Tel. 0711 45 02 0, Fax 0711 45 02 340
Reproduktionen: PPP Pre Print Partner GmbH & Co. KG, Köln
Printed in Germany

FSC®
www.fsc.org
MIX
Papier aus verantwortungsvollen Quellen
FSC® C155291

Urlaub erinnern...

Jeder Urlaub geht einmal zu Ende – was bleibt, sind die Mitbringsel, aber auch die Erinnerungen an Land und Leute, an Aromen und Düfte und an manche Kuriosität.

GESUNDER NEUANFANG

Säfte, Brühe, Tee – mehr gibt es nicht in den Magen, dafür steht viel Bewegung und Entspannung auf dem Programm. Sylt, Amrum, Föhr und die Halligen sind Hochburgen für Fastenwanderungen. Die machen den Kopf frei, reinigen und stärken den Körper. Und lassen sich ganz leicht auch daheim wiederholen: eine neue Routine für ein bewussteres Leben!

HÜHNERGÖTTER

Sammeln Sie auch so gern Steine? Dann halten Sie auf den Nordseeinseln nach „Hühnergöttern" Ausschau. So nennen die Nordlichter Feuersteine, in die das Meer ein Loch gefräst hat. Große Hühnergötter machen sich vor dem Haus gut als hängende Kette, kleinere auf der Fensterbank.

KLANGBILD

Halten Sie das Handy in den Wind, starten Sie die Sprachaufnahme und nehmen Sie das Rauschen der Wellen, das Gellen der Möwen auf. Auch andere Naturgeräusche, die Sie im Urlaub hören, funktionieren. Und mitten im November-Blues versetzen Sie diese Klänge zurück ans Meer.

WINZIGER RIESE

Einen der grünen Riesen, die sich auf dem Bahnhofsvorplatz von Westerland erheben, hat Martin Wolke auch en miniature hergestellt. Den Zehn-Zentimeter-Winzling gibt es exklusiv beim Künstler (info@martinwolke.de) – ein besonderes Souvenir.

STRANDGUT

Nele Wree und Holger Spreer leben auf der winzigen Hallig Süderoog. Was das Meer dort an Treibholz anschwemmt, verarbeitet das Paar zu Fabelwesen, Garderoben, Kerzenhaltern und Regalen (www.hallig suederoog.de/strandholz-kunstwerke). Kreativ!

INSELWEIN

Da werden Ihre Freunde staunen! So weit im hohen Norden gibt es guten Wein? Klar doch! Den Biowein „Sölviin" keltern zwei Sylter; bekannter noch sind aber die Abfüllungen von Balthasar Ress, der sein Gut bei Keitum hat. Friesisch prickelt es aber auch auf Föhr: mit Sekt vom Weingut Waalem.

»[BEI STURM] WIRD DAS RAUSCHEN DER BRANDUNG ZUM GEBRÜLL, DIE DÜNEN RAUCHEN VON AUFGEWIRBELTEN SANDMASSEN, DIE SCHIFFE FLIEHEN IN DIE HÄFEN ...«

Georg Quedens, „Orkanfluten", 2020

ALLES KÄSE

Seit 1909 wird auf Pellworm ganz handwerklich Käse hergestellt – heute auch aus Biomilch von Kuh und Ziege (http://inselkaeserei-pellworm.de). Die gute Nordseeluft und würzige Kräuter prägen die halbfesten Schnittkäse von mild bis herzhaft. Der vollmundige „De olle Pellwormer" schmeckt auch zu Hause!

AMRUM-AQUARELLE

Dünen, Brandung, Watt und Weite, das sind die Motive der Aquarelle von Birgitt Sokollek. Mit zarter Hand lässt sie die Landschaften ihrer Heimat auf dem Papier entstehen. Die Bilder sind ein großartiges Mitbringsel und mal etwas ganz anderes als nur Erinnerungsfotos (http://birgitt.sokollek.de)!

AUF DIE OHREN

Föhr rockt. Das beweisen die Jungs von „Stanfour", die mit Ohrwürmern wie „Do it all", „For all Lovers" oder „In Your Arms" die Charts stürmten. Über diverse Streaming-Plattformen oder über www.stanfour.com können Sie sich die Inselklänge der ganz anderen Art anhören.

KLIFF-SUNSET

Der Sonnenuntergang am Meer ist unvergleichlich. Unvergesslich wird er, wenn Sie ein Foto schießen und es sich auf Leinwand im Wohnzimmer aufhängen. Too much? Im Postkartenformat auf dem Büroschreibtisch versüßt es den Alltag.

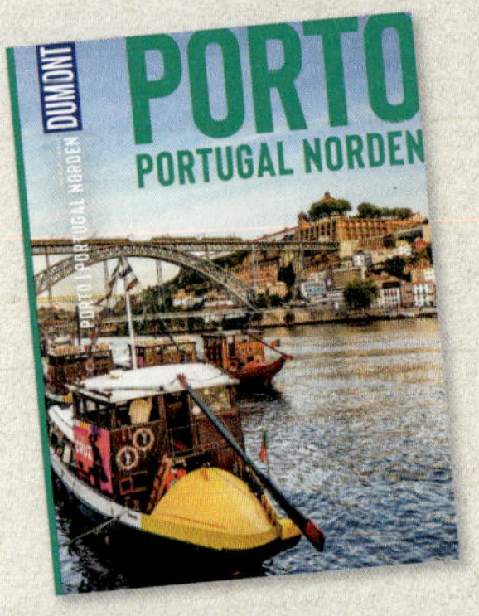

PORTO PORTUGAL NORDEN

Die Schöne am Douro
Lange im Schatten Lissabons hat sich Porto in den letzten Jahren in der ersten Riege der weltweiten Topreiseziele einen Platz gesichert. Und das zu Recht! Sehen Sie selbst!

Mittelalter live
Abseits der Küsten scheint in Nordportugal die Zeit stillzustehen – ein Besuch in den „historischen Dörfern" zwischen Coimbra und Porto ist ein besonderes Erlebnis.

OSTSEEKÜSTE MECK-POMM

Im Zeichen der Hanse
Wir stellen die Stadtschönheiten Rostock, Stralsund, Wismar, Greifswald und Anklam mit ihren Sehenswürdigkeiten ausführlich vor.

Strände ohne Ende ...
... und für jeden Geschmack mit guter Infrastruktur oder ganz naturbelassen. Finden Sie mit Hilfe des DuMont Bildatlas Ihr persönliches Strandparadies.

www.dumontreise.de

LIEFERBARE AUSGABEN

DEUTSCHLAND
207 Allgäu
216 Altmühltal
220 Bayerischer Wald
180 Berlin
162 Bodensee
217 Brandenburg
175 Chiemgau, Berchtesg. Land
013 Dresden, Sächsische Schweiz
152 Eifel, Aachen
157 Elbe und Weser, Bremen
168 Franken
020 Frankfurt, Rhein-Main
112 Freiburg, Basel, Colmar
028 Hamburg
026 Hannover zw. Harz und Heide
042 Harz
023 Leipzig, Halle, Magdeburg
210 Lüneburger Heide, Wendland
188 Mecklenburgische Seen
038 Mecklenburg-Vorpommern
033 Mosel
190 München
047 Münsterland
223 Nordseeküste Schleswig-Holstein
006 Oberbayern
161 Odenwald, Heidelberg
035 Osnabrücker Land, Emsland
002 Ostfriesland, Oldenburger Land
164 Ostseeküste Mecklenburg-Vorpommern
154 Ostseeküste Schleswig-Holstein
201 Pfalz
040 Rhein zw. Köln und Mainz
185 Rhön
186 Rügen, Usedom, Hiddensee
206 Ruhrgebiet
149 Saarland
182 Sachsen
159 Schwarzwald Norden
045 Schwarzwald Süden
018 Spreewald, Lausitz
008 Stuttgart, Schwäbische Alb
141 Sylt, Amrum, Föhr
204 Teutoburger Wald
170 Thüringen
037 Weserbergland
173 Wiesbaden, Rheingau

BENELUX
156 Amsterdam
011 Flandern, Brüssel
179 Niederlande

FRANKREICH
177 Bretagne
021 Côte d'Azur
032 Elsass
009 Frankreich Süden Okzitanien
019 Korsika
213 Normandie
001 Paris
198 Provence

GROSSBRITANNIEN/IRLAND
187 Irland
202 London
189 Schottland
227 Südengland

ITALIEN/MALTA/KROATIEN
181 Apulien, Kalabrien
211 Gardasee
222 Golf von Neapel, Kampanien
163 Istrien, Kvarner Bucht
215 Italien, Norden
005 Kroatische Adriaküste
167 Malta
155 Oberitalienische Seen
158 Piemont, Turin
014 Rom
165 Sardinien
003 Sizilien
203 Südtirol
039 Toskana
091 Venedig, Venetien

GRIECHENLAND/ZYPERN/TÜRKEI
034 Istanbul
016 Kreta
176 Türkische Südküste, Antalya
148 Zypern

MITTEL- UND OSTEUROPA
104 Baltikum
208 Danzig, Ostsee, Masuren
169 Krakau, Breslau, Polen Süden
044 Prag
193 St. Petersburg

ÖSTERREICH/SCHWEIZ
192 Kärnten
004 Salzburger Land
196 Schweiz
226 Tirol
197 Wien

SPANIEN/PORTUGAL
043 Algarve
214 Andalusien
150 Barcelona
025 Gran Canaria, Fuerteventura, Lanzarote
172 Kanarische Inseln
199 Lissabon
209 Madeira
174 Mallorca
225 Porto, Nordportugal
007 Spanien Norden, Jakobsweg
219 Teneriffa, La Palma, La Gomera, El Hierro

SKANDINAVIEN/NORDEUROPA
166 Dänemark
212 Finnland
153 Hurtigruten
029 Island
200 Norwegen Norden
178 Norwegen Süden
151 Schweden Süden, Stockholm

LÄNDERÜBERGREIFENDE BÄNDE
224 Donau – Von der Quelle bis zur Mündung
112 Freiburg, Basel, Colmar
221 Kreuzfahrt in der Ostsee

AUSSEREUROPÄISCHE ZIELE
183 Australien Osten, Sydney
109 Australien Süden, Westen
218 Bali, Lombok
195 Costa Rica
024 Dubai, Abu Dhabi, VAE
160 Florida
036 Indien
205 Iran
027 Israel, Palästina
111 Kalifornien
031 Kanada Osten
191 Kanada Westen
171 Kuba
022 Namibia
194 Neuseeland
041 New York
184 Sri Lanka
048 Südafrika
012 Thailand
046 Vietnam